地方での起業こそが、最強のビジネスモデルである!

改訂版

地方起業の教科書

公益社団法人
ジャパンチャレンジャープロジェクト
代表理事
中川直洋

あさ出版

JN073053

「地方での起業」こそが 最強のビジネスモデルである

「地方創生」という言葉から、あなたはどんなイメージを抱くでしょうか。

もしかしたら「東京に比べて活力を失っている地方を元気にする」「雇用の少ない地方で、なんとかして職をつくる」といったイメージを持つ人もいるかもしれません。

しかし現実は違います。今や地方は、東京よりも確実に、しかも大きく稼げるフィールドとして注目されています。「地方創生」とは決して「地方のための慈善事業」ではなく、「田舎で稼ぎ、大きな事業を築くチャンス」なのです。

●「東京中心」の時代はとっくに終わっている

ここ10年ほどの株式市場を見てみると、「日本は東京を中心に回っている。その割を食って、地方が衰退していった」というイメージは、実際には正しくありません。

東京の千代田区・中央区という、いわば「東京のど真ん中」にある会社の株価と、「そのほか」の場所にある会社の株価とを比べてみると、過去3年、5年、ともに「そのほか」の株価上昇率のほうが高くなっています（2019年3月末時点）。私自身、投資家として、「東京の会社」よりも、北海道から沖縄までの「地方の会社」の注目度のほうが高いかもしれません。

具体的な社名を挙げてみても、地方から成り上がってきた会社はとくに元気なのがわかります。

インテリア小売業大手のニトリは北海道の会社です。実用衣料品大手のユニクロ（ファーストリテイリング）は山口県の会

社ですし、衣料品チェーンストア第2位のしまむらは埼玉県の会社です。また、100円ショップ大手のセリアは岐阜県の会社、同じく100円ショップ大手のダイソーは広島県の会社です。

　大きく成長した会社には「地方発」が多い。これは紛れもない事実であり、この動きは、今後さらに加速していきます。

∴∴「地方発」だからこそ大きく稼げる

　なぜ地方発の起業で「確実に、しかも大きく稼げる」のか。それは、「地方で勝てるビジネスモデル」がそのまま「日本で勝てるビジネスモデル」であり、ひいては「世界で勝てるビジネスモデル」につながるからです。

　2015年の国勢調査によると、東京都の人口は約1352万人で、もちろん全都道府県トップ。そして関東圏全体では約4000万人が住んでいることがわかっています。
　「地方には人がいない」「東京・関東圏には人がいる」「だから東京に出て仕事をしたほうが儲かる」。そう考えるのは早計です。
　関東圏全体の人口4000万人は日本の人口の約34％にすぎません。残りの66％は地方在住です。
　日本人のほとんどは「地方」に住んでいる。これを忘れてはいけません。

　「東京」という、狭い土地に多くの人が住んでいる「極めて特殊な市場」で勝負をし、勝ったところで、そのビジネスモデルはほかで通用しません。東京のような特殊な市場は、ほかにないからです。
　しかし「地方」は、いってしまえばどこも「似たようなもの」。東京で通用したビジネスモデルが広島県で通用するとは限りま

せんが、広島県で通用したビジネスモデルは、岡山県でも、山形県でも秋田県でも通用する可能性があります。実際、ニトリも、ユニクロも、しまむらも、「地元で成功したビジネスモデルを使って、周りの地方各県を席巻し、満を持して東京に乗り込む」という流れをたどりました。

「地方で勝てるビジネスモデル」がそのまま「日本で勝てるビジネスモデル」であり、ひいては「世界で勝てるビジネスモデル」につながる、とは、そういうことです。

　長い目で見れば、「地方」のほうがはるかに市場が大きい。「地方で勝つ」は、決して「スケールの小さな話」ではないのです。

∷「腰の重かった地方の人たち」も変わり始めた

「そうはいっても、ウチの地元はどの会社も元気がないよ」
　そう感じる人もいるかもしれません。
　だからこそ、あなたの出番なのです。

　残念ながらかつて、地方には、やる気のある人の足を引っ張る人たちがいました。これまでに数々の、やる気に満ちた、地元を愛する、起業家精神あふれるワカモノたちが、その「足を引っ張る人たち」の力に負け、涙を呑んできたのです。もしもあなたの地元に「元気がない」のだとしたら、その結果なのかもしれません。

「足を引っ張る人たち」の代表は、「地元のエリート層」です。
　地元のエリート層は、地元の名門高校を卒業後、地方の国公立大学に入学し、また地元に戻ってきます。彼らは挑戦したくて地元に戻ってくるわけではなく、都会に出てリスクを取りたくないから、地元に戻ってくる。もともと地元に地盤があった

り、競争が嫌いだったり、のんびりとした暮らしを求めていたりする人がこぞって、地元に戻ってくるわけです。彼らの主な就職先は、役所、地方銀行、地方新聞社、電力会社、地方の名門企業。「のんびりしたい」というモチベーションの人たちがこれら、影響力の大きな組織に就職するのですから、「チャレンジ精神」が煙たがられてきたのも仕方のない話です。

　ところが今、時代が変わり始めています。
　ゆとり教育以後の若者世代のバイタリティは素晴らしい。とくに、「エリート」のような学歴を歩んでこなかった「非エリート」たちが、地方で居酒屋やホテル、介護といったさまざまな会社を起こし、成功を収めています。
　彼らの活動を追ってわかったのは、かつて「足を引っ張る人たち」の代表的な居場所だった役所、地方銀行、地方新聞社、電力会社、地方の名門企業の人たちも、今は「ともに稼ぐ」という共通の目標の下、変化に前向きになってきたという事実です。

　地方で会社を起こし、大きく育てる。
　地方で稼ぐ。

　これまでは「夢物語」にすぎなかったことが、今、「現実」として、誰もが実現可能なものとなったのです。
　あなたのチャレンジ精神が実を結びやすい環境が、今、これ以上ないほどに整っています。
　さぁ、一緒に、「地方で起業」への第一歩を踏み出しましょう。

公益社団法人ジャパンチャレンジャープロジェクト　会長理事
レオス・キャピタルワークス株式会社 代表取締役会長兼社長　　藤野 英人

ジャパンチャレンジャープロジェクト とは

公益社団法人ジャパンチャレンジャープロジェクトは、地方創生事業の魅力を最大限に引き出し、「稼げる事業に」との思いに賛同した、藤野英人、柳澤大輔、中川直洋が中心となり、各業界の事業家を理事に迎え、2019 年 9 月に設立しました。

事業内容は「地域起業家のトータルプロデュース」です。

事業目的は、果敢に挑戦する起業家の発掘、育成、発表、事業までを総合的にサポートし、人々の人生をより豊かにすることです。この事業目的を果たすにあたって、産官学連携による地域資本主義を構築し、社会全体をも豊かにすることを同時に目指しています。「起業後進国」と呼ばれて久しい日本が、IT ベンチャーに加えローカルベンチャーを増やし「起業先進国」と呼ばれる未来が、私たちの目指す姿です。

具体的には、「JAPAN CHALLENGER AWARD」と呼ばれる地域起業のビジネスコンテストを全国 7 カ所で開催しています。ミッション・ビジョン・戦略・立案などに関する勉強会を開催し、AWARD（最優秀賞）受賞者ならびに優秀賞受賞者には起業支援を行っています。

コンテストの出場者を集める段階で、募集をかけながら自治体や商工会議所などと連携し、事業に挑むワカモノや起業家を発掘します。その後、コンテストの前に特別セミナーを行い、ビジネスモデルを構築する事前準備はもちろん、事業に対する起業家としての姿勢も深めていきます。そこで改めて、実現したい事業プランの内容を見つめ直し、資金の調達や仲間集め、プレゼンテーション方法に

1 起業家発掘
「まだ何者でもないけれどこの地域をなんとかしたいんだ！」と志す人にまずは目を向ける。

2 セミナー
地域起業家のアイデアを、しっかりと土台のあるビジネスプランへ仕上げていく。

ついても練ります。

　コンテストでは地元企業の方や金融機関など、事業を推し進めていくにあたってご協力いただける方に審査員をお願いし、地元高校生や地域住民の方からも投票をいただいてグランプリを決定。コンテストが終了したあとも事業に伴走し、経営や新規事業などについてもアドバイスを行いながら支えていきます。

　さらに、地方 AWARD だけでなく、地方創生のシンボルとなり、上場まで見据えた事業プランを全国から集め、リモートでも楽しめる「面白エンターテイメント」として最新の技術を導入した「いざ鎌倉！ JAPAN CHALLENGER AWARD ～地方創生の祭典～」を開催。日本を代表する地域起業家のビジネスモデルを伝え、地方創生ビジネスモデルの理解を深め、ビジネスアイデアの参考となる、地方創生事業の在り方を提案していきたいと考えています。

　また、これから先の日本を元気にするには、ワカモノの活躍が不可欠です。そこで、日本取引所グループ（JPX）・東京証券取引所の金融リテラシーサポート活動の一環である「起業体験プログラム」を用いて、中学校・高等学校の生徒を主な対象とし、数ヶ月にわたり起業の模擬体験を実施しています。役割分担から事業計画、収支計画まで、「もし会社を設立したら」という起業のステップを本格的に学ぶことができます。

　プログラムの最後には、考案した商品やサービスを地域住民の方々に向けて販売し「本物のお金」を使った会社経営を体験します。

　社会課題を解決し、日本の未来を背負うワカモノの育成にとって、進路のあり方として「起業」という選択肢を知ってもらうことは不可欠です。金融のプロである東京証券取引所とともに、彼らのチャレンジを支え続けています。

公益社団法人ジャパンチャレンジャープロジェクトの主な取り組み

③ プレゼンテーション
できあがったプランを地域の方々に聞いていただき、共感・賛同・協力を得てスタートダッシュを切る。

④ 事業サポート
賞を獲っておしまいではなく、実際に顧客に喜んでもらえるものに発展させ、着実に地方創生ビジネスとして育てる。

目次

第1部

マインドセット編

第2部

基礎編

実践編

第3部

第4部

行動編

事例　日本を先駆する地域起業家④

付録　ワークシート集　

著者挨拶——

公益社団法人ジャパンチャレンジャープロジェクト　代表理事
中川直洋

おわりに——

公益社団法人ジャパンチャレンジャープロジェクト　副会長理事
面白法人カヤック　代表取締役 CEO
柳澤大輔

ワークシート集 目次

付 録

第1部

マインドセット編

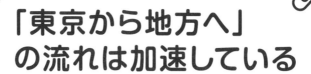

1
「東京から地方へ」
の流れは加速している

∷「東京で働くのが成功者」の時代は終わった

　私は三重県明和町出身です。まさに「地方出身者」ですね。

　高校生のころは都会にあこがれ、「将来は大都会で働くんだ」という志を持っていました。

　私に限らず、地方に生まれ、地方で育った子どもたちの多くは、「地方を離れ、大都会東京で働くのが成功だ」という幻想を抱きます。そしてそれは大人たちも同じ。「東京の大企業で働くビジネスパーソンこそが成功者だ」と考えている人はまだまだ多く存在しています。

　しかし「はじめに」で藤野さんが語っているように、「東京中心」の時代はもう、とっくに終わっています。

「地方出身者」として東京に出て、30年以上大都会で働き、私が率直に思うことは、東京よりも地方のほうが、圧倒的に魅力的であるということです。私が副社長を務めるゴーゴーカレーグループ（石川県金沢）もそうですが、地方出身の企業もたくさんあります。

「地方の持つポテンシャル」に気づいていないのは実は、実際に住んでいる地方の人だけなのです。

∷地方は「小さなコスト」で「大きな利益」を得られる

「地方の持つポテンシャル」とは、具体的には何なのか。「東

京の飲食店」と「地方の飲食店」を対比しながら考えていきましょう。

　私は東京で、業界大手の「和民」を運営するワタミ株式会社の役員を務めていました。

　居酒屋をはじめとする外食産業にとって、東京はとても厳しい市場です。とにかく儲からない。材料は高いし輸送費も高い。家賃もどんどん上がっていく。アルバイトの獲得競争も熾烈で、人件費も高くなる。水道光熱費も高い。そのうえ参入障壁は低く、競合店はどんどん増える……。このような環境の中で利益を出すのは、至難の業です。

　一方、32ページでご紹介する山本亮さんが営む輪島市の農家レストランはどうかというと、家賃も人件費も、東京と比べ

地方は「利益」を出しやすい

	東京	地方
材料費	高い	安い
配送費	高い	安い
家賃	高い	安い
人件費	高い	安い
水道光熱費	高い	安い
競合他社	多い	少ない

たら信じられないほどに安く抑えられます。

　レストランで出す食材も地元のものですから、やはり安く済みます。

「東京」と「地方」。
どちらが利益を生み出しやすいか、つまり「儲けやすいか」は明らかでしょう。

　これは決して、外食産業に限った話ではありません。数々のゲーム・広告・Webサービスを生み出している会社である面白法人カヤックも、早くから地方の働きやすさ、コストパフォーマンスのよさに目をつけ、拠点を鎌倉に移しました。

「東京で消耗しながら、細々と稼ぐ」より、「地方で伸び伸びと、大きく稼ぐ」ことに魅力を感じ、拠点を地方に移したり、地方で新たに起業したりする事例が今、増えているのです。

▮▮ 新型コロナの影響で「東京のもろさ」が浮き彫りに

「東京」から「地方」へ。

　この機運にさらに拍車をかけたのが、2020年に巻き起こった「コロナショック」です。

　大きな打撃を受けたのは、やはり東京の飲食店でした。飲食店は「日々、お客さまからいただく売上」を運転資金として回しているところが圧倒的多数ですから、ひとたび休業となると、東京特有の「高い家賃」「高い人件費」が重荷となり、経営が苦しくなるお店が多く出ました。

　一方、地方の飲食店の状況はどうか。さきほどご紹介した、輪島市の農家レストランに話を聞いてみると、「たしかに新型コロナウイルスの影響を受けたけれど、結果としては100万円前後の赤字で抑えられた」と答えてくれました。

固定費と変動費

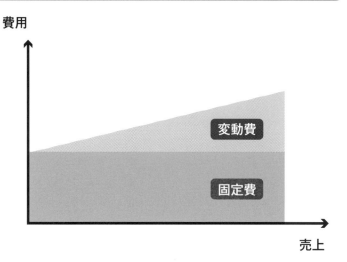

費用

変動費

固定費

売上

「固定費」は、売上の大小に関係なくかかる費用のこと。
東京は固定費が高いので、売上が減ったときに
大きなダメージを受ける。

1

マインドセット編

地方の飲食店は「家賃」など「固定費」が安く抑えられているため、休業や営業時間の短縮を強いられたときには「変動費」の調整にのみ力を注げばいい。東京のように「高い固定費に苦しめられる」ことがないため、経営を揺るがすような大きな赤字を避けることができるのです。

　「コロナショック」が東京にもたらした変化は、「飲食店の経営危機」ばかりではありません。
　「東京の通勤風景」の代名詞であった、満員電車。しかし新型コロナウイルスの感染拡大を防ぐために、国はテレワークや時差出勤を推奨し、電車は一時期、朝から晩までガラガラの状態が続きました。
　当初は企業側・従業員側に戸惑いも見られたテレワークですが、慣れてくれば「意外と快適」なことを知ります。オンライン通話とメールを使えば、社内コミュニケーションはほぼ網羅できる。「絶対に職場に行かなければ成立しない仕事」だけ、月数回の出社日に行えばいいと人々は気づいたのです。
　2020年5月末に公益財団法人日本生産性本部が行った「コロナ禍収束後もテレワークを行いたいか」というアンケートでは、6割以上の人が「そう思う」「どちらかといえばそう思う」と答えたという結果も出ています。
　「毎朝毎晩、満員電車に乗って通勤・帰宅することのバカバカしさ」「ICT（情報通信技術）の発達により、職場に縛られずに好きな場所で働けることの快適さ」を、ようやく実感したといえます。
　実はこれは「地方創生」にもつながる話です。

　「テレワークの活用によって、毎日職場に出社する必要はな

い」。これはつまり、「仕事のために東京に出る必要はない」ということでもあります。地方にいてテレワークで仕事をしながら、たまの出社日に東京に「出張」する。これで十分、仕事は回るのです。

　１日のうち、家族と過ごす時間より職場の人たちと過ごす時間の多い今までのほうが異常だったのです。

　これからは、いちばんふれあうべき愛する家族と、のどかな景色に囲まれながら、広いスペースで、満員電車に揉まれることなく仕事をすることができる。ストレスは減り、生産性は高まる。

　こう考える企業や人は多く、「コロナショック」をきっかけとして、「東京から地方へ」の流れはさらに加速しています。

　「コロナショック」という有事は、東京に住み、東京で働く人たちの価値観やライフサイクルを一気に変えてしまったのです。

2

地方の人ほど「地方のポテンシャル」に気づいていない

◦◦ 儲ける資源はすでに「そこ」にある

地方の素晴らしさ。それは何も「コストの低さ」や「人口密度の低さ」ばかりではありません。

国内旅行の主な目的を聞くアンケートでは、いつも「美しい景色を見る」「美味しいものを食べる」「温泉に浸かって癒やされる」が上位を独占しています。わざわざ「その土地に行きたい」と思わせる資源が、人間が頭をひねって考えなくても、自然に、そこにあるのです。

あとは人間が頭をひねって、「その資源でいかに儲けるか」を考えれば、大きな事業に育つ可能性があります。

私が視察で、地方をドライブしていた時のことです。

夕方、ある岬に立ち寄りました。その岬から見る夕日が素晴らしかった。「ここは本当に日本なのか？」と思うくらいに幻想的な風景でした。

美しい夕日を眺め、幸せな気分に浸りながら、お酒が好きな私は「ああ、ビールが飲みたい」と思いました。もちろんドライブ中ですからお酒は飲めないのですが、それでも「ああ飲みたい」と思わせてくれるくらいに素晴らしい景色でした。

しかしふと周りを見渡してみると、お酒を売っているお店なんて1軒もありません。「ここで夕日を眺めながらビールを飲

めるのなら、私は1杯1000円だって払うのになぁ……」と、少しもったいなさを覚えました。

●● 「お客さま」のことをまったく考えていない商売が多い

夕日を眺めていると、新たなビジネスモデルが次々に浮かんできます。

「ここにソファーを置いて、ゆっくり座りながら夕日を眺められるようにしてもいいな」
「ムードあふれる音楽をかけたら、素敵なデートスポットになるのではないか」
「執事をつけて接客し、高級感を出してもいいかもしれない」

ところが現実として、その岬の周りにあるお店は、自治体から指定管理を請け負っているお土産屋さんだけ。そのお土産屋さんも、17時には閉まります。
「この岬の素晴らしさは17時からなのに……！」と思いますが、お店にしてみれば「自治体から税金をもらえればそれでよし」なのですから、関係ありません。「岬に訪れるお客さま」のことなんて、まったく考えていないのです。
これは決して、この岬に限った話ではありません。日本全国のあらゆる場所で、このような「ポテンシャルを活かしきれていない商売」が多く見られるのです。

●● 「ビジネスの本質」とは何か

「いい風景がある」。それはたしかに素晴らしいことです。
しかし下世話な言い方をすれば、風景は「無料」です。観光名所は国や行政の土地であることが多く、「商売」として多く

のお金を取ることはできません。

　ただ、少し頭をひねり、その風景に「付加価値」をつけることで、「商売」に育つ可能性がある。これをわかってほしいのです。

「この夕日を眺めながらビールを飲めるのなら、1000円出してもいい」と私は考えました。

　仮に、本当にその岬に、ビールを1000円で売るお店があったら、私は喜んでそのビールを買い、お店に感謝さえするでしょう（もちろん私が運転の途中でないことを前提としたたとえ話です）。

　お店側も、ビールを1000円で売れて嬉しいはずです。

　価値を提供し、価値に見合った対価を払う。これは、ビジネスの本質です。

　しかしこの「本質」をシンプルに実行できている地方が、あまりにも少ない。多くの地方が、「地方のポテンシャル」を活かしきれていない。

　裏を返せば、地方は「ビジネスチャンスの宝庫」だともいえるのです。

▪▪「箱物」に頼らなくても人は呼べる

　地方にはいまだに「箱物信仰」が色濃く残っています。「箱物」とは、テーマパークや博物館といった「人の集まりそうな建物」のこと。ビジネス用語では形あるもの、目に見えるものを「ハード」、無形のものを「ソフト」といいますが、「箱物」はハードといえます。「箱物さえつくれば、人を呼べる」「箱物がないから、人を呼べない」と考えるのが「箱物信仰」です。

　そもそも「箱物信仰」自体がおかしな考え方なのですが、百

歩譲ってこの考え方が正しかったとしても、国も地方もお金がない現在、新たな箱物をつくるのは難しいといえます。

　ならば地方は人を呼べないのか。そんなことはありません。

「きれいな夕日」と「お酒」を組み合わせる。

「きれいな夕日」と「音楽」を組み合わせる。

　このように「ハード」ではなく「ソフト」の価値を組み合わせることで、人が一気に押し寄せるような魅力的なビジネスはいくらでも生まれるのです。

　東京には、つくりものの砂浜を見ながらコーヒーやお酒を飲む「ビーチカフェ」があります。

　多額の投資をして偽物の砂浜をつくり、多くの儲けが期待できない東京で店を出す。そんなことをするくらいならば「砂浜がきれいな地方で、投資や家賃・人件費といった固定費を抑えつつ店を出せばいいのに」と私なんかは思います。

　需要は確実にあるわけですからね。

地方は城跡や寺院など歴史的建造物や物語の宝庫

　私の生まれ育った三重県明和町では近年、歴史的大発見とまでいわれた斎王宮が見つかりました。斎王宮は、伊勢物語に登場する業平(なりひら)と天皇の娘であった斎王の悲恋の物語の舞台です。

　この恋の物語と、アニメやコスプレなどの「ソフト」を合わせるといかがでしょうか。また、復元ですが、平安造りの建物もあるため、照明やスモークの演出を用意するだけで、夜は幻想的な場所となり聖地になるのではないでしょうか。

　あとは足を運んでもらい、お金を使ってもらうビジネスモデルさえ考えれば、商売としては一丁上がりなのです。

「ビジネスアイデア」から「ビジネスモデル」へ

▌「誰から売上をあげるか」が見えているか

「よし、じゃあ自分も、地方でビジネスを始めよう！」。そう考えた人もいるかもしれませんね。

「思い立ったら即行動」というフットワークの軽さは素晴らしいのですが、準備不足は大怪我のもと。本書でもう少し、ビジネスの知識を身につけてから始めましょう。

あなたが「こんなビジネスを始めたい」と思いついたその考えは、単なる「ビジネスアイデア」でしょうか。それとも、実現可能な「ビジネスモデル」でしょうか。

「ビジネスアイデア」は、「これをやってみたい」「これはいいな」という、シンプルな「思いつき」です。

とくに地方出身者は地元を愛し、地元をよく知っていますから、「これをやってみたい」「これはいいな」という思いつきはたくさん出てきます。

しかし思いつきだけでは、ビジネスは成功しません。

成功させるには、「ビジネスアイデア」を「ビジネスモデル」へ成長させる必要があります。

そしてあなたの「ビジネスアイデア」を「ビジネスモデル」へ成長させるために、本書はあります。

本書を読み終えるころには、あなたの「ビジネスアイデア」は、

立派な「ビジネスモデル」となっていることでしょう。

「ビジネスモデル」とは、「誰から売上をあげるのか」がはっきりと見えている考えのことです。

　お客さまを定める「マーケティング」、お客さまへ魅力的に見せる「ブランディング」、運営体制を回し続ける「マネジメント」、協力してくれる「ビジネスパートナー」、どれだけの投資が必要で、どれだけの儲けが得られるのかという「収支モデル」……。

　本書の第2部以降でお話しする要素を考えることで、「ビジネスアイデア」は「ビジネスモデル」へと成長します。

「地方創生」にはどうしても「慈善事業」という意識がつきまとい、「儲けるのは悪だ」「地方のために尽くすボランティア精神こそが素晴らしい」と考えてしまう人がいます。

　しかしそれは間違いです。「商売」として成立しなければ、そもそも事業は長続きしません。

　もう一度述べます。

　お客さまに喜んでもらえるだけの価値を提供し、価値に見合った対価を払う。これこそがビジネスの本質です。儲けるのは悪でも何でもありません。提供した価値に対する正当な報酬なのです。

　大切なのは、あなたの事業に愛はあるかです。

　あなたのお店は愛がたたずんでいますか。あなたの商品は愛がつまっていますか。あなたのサービスは愛があふれていますか。

　全ては、お金ではなく愛なのです。

4

地方創生成功のカギは
3つの「地産地ショウ」

その1 「地産地消」

「地産地消」という言葉をご存じでしょうか。「地元で生産されたものを地元で消費する」という意味です。

消費者は身近で親しみのある場所から、新鮮で安い農産物を買うことができる。地産地消は素晴らしい考え方です。

しかし私は、これからの地方創生を考えたとき、「地産地消」の「消」という字に違和感を持つようになりました。

「地産地消」は、第1次産業（農業・林業・漁業など）に特化した考え方ではないか。第2次産業（製造業など）や第3次産業（第1次産業・第2次産業に含まれないサービス・販売業など）、そしてそれらを組み合わせた6次産業（「第1次産業・第2次産業・第3次産業を掛け合わせる」という意味で、「1×2×3＝6」となることから生まれた造語）は網羅しきれない考え方なのではないか。そう感じるようになったのです。

そこで私は新たに、「地産地商」「地産地承」の2つを加え、これからの地方創生を成功させるために必要な3つの「地産地ショウ」を提案します。

「地産地消」は旧来の意味通り。続いては「地産地商」です。

3つの「地産地ショウ」

地産地消

「地元で生産されたものを地元で消費する」という
考え方。
消費者には「身近で親しみのある場所から、新鮮
で安い農産物を買うことができる」というメリッ
トがあり、生産者にも「流通経費がかからないこ
とで手取り収入が増える」「小ロットでも販売でき
る」などのメリットがある。

地産地商

「地産地消」だけでは忘れがちな、街の外の人に対
する「商売」を重視する考え方。
「地元でとれたものをどうするか」ではなく、「世
の中に価値を提供するために、地元のものでどん
な商いができるか」を考えていく。

地産地承

「地元で繁盛している事業を、次の担い手に継承す
る」という考え方。
儲かっているのに、後継者がいないために廃業を
余儀なくされる地元のお店は多い。「次の担い手」
を広く募るシステムを考えていく。

:: その2 「地産地商」

「地産地消」という言葉が生まれたときにはまだ、第1次産業・第2次産業・第3次産業を掛け合わせる「6次産業」というモデルはありませんでした。

「地産地消」は「地元の人だけを見て商いをしていればいい」という考え方。しかしその考え方がもう、通用しなくなっています。

1970年代。日本の人口は急激に増えていきました。

その時代の主役は「子ども」です。

遊園地が地方に多いのは、子どもがお父さん・お母さんに「あの遊園地に行きたい」とねだり、家族旅行の目的地になることを地方が期待したからです。

その作戦は、一時的には成功しました。遊園地は「一度遊べば十分」なアトラクションで高い入場料・利用料をとり、お店は「どうせ一度しか来ないのだから」と、高い価格で食事や土産を売る。リピーターは増えませんでしたが、子連れの家族は日本にあふれるほどいましたから、十分に潤ったわけです。

ところが、時代は少子化へ移行。遊園地への来場者はぐっと減ります。「お客さまのための商売」を真剣に考えてこなかった遊園地はことごとく潰れていきました。

一方、「お客さまに夢の世界を見せる」ことを徹底しているディズニーランドの隆盛はとどまるところを知りません。

「ディズニーはブランド力が桁違い」。たしかにそうです。しかしディズニーが徹底して「お客さま第一」を貫いているのもまた、事実です。

地方は「商売」を真剣に考えるべき時にきているのです。

今後考えるべきは、外国人観光客、インバウンド向け事業や

アクティブシニア事業です。

　従来の地方観光モデルであった社内旅行など、観光、温泉、宴会、2次会、翌日土産パックプログラムは衰退しました。今後さらに、モノからコト消費に大きく変貌していきます。

　コトとは体験消費で、思い出づくり、いかにこの地で感動していただくかです。ニーズだけではダメなのです。「ウォ〜！」と驚く感動は、今までの経験、体験をはるかに超えるプログラムが必要なのです。

　まさに今、地元だから知る最高のアイデアが求められています。

その3　「地産地承」

　3つ目は「地産地承」。事業継承のことです。

　地方にはシャッター街が多くあります。「大きなショッピングモールができたから、小さなお店が潰れてしまう」なんていうのは20年も前の話。現在、小さなお店が閉店する大きな理由は「後継者の不在」です。

　ある街の、老夫婦2人でやっていた人気のパン屋さんが閉店しました。

　儲からないからやめたのではありません。高齢で、毎日パンをつくって売るのがつらくなったからやめたのです。

　人気のあるパン屋さんでしたから、誰もが閉店を惜しみました。後継者さえいれば、お店は続き、美味しいパンを買い続けることができたのに……。

　世の中には「将来はパン屋さんを開きたい」「そのために都会でカフェで働いて修業する」というワカモノがいます。一方で、後継者がいないために閉店を余儀なくされるパン屋さんもある。とてもいびつな話ではないでしょうか。

「パン屋を営む」という夢を持ったワカモノが、地元で後継者のいないパン屋さんに修業入りして、そのお店を継ぐ。このような話が増えてくれば、地方経済はより活性化するのではないか。私はそう考えます。厨房設備を新たに買う必要がないし、何より、お客さまはもう、すでについている。得られるものは大きいではありませんか。

「後継者不足」は裏を返せば「リスクの少ない起業」のチャンスでもあるわけです。

「地産地消」「地産地商」「地産地承」。これからは、この３つの「地産地ショウ」が、地方創生を成功させるカギとなります。

地方創生について

　国が進める「地方創生事業」は、地域起業家に対し、さまざまなサポートがあります。地域の課題に取り組んでくれる人たちは、国や行政にとってありがたい存在であり、大きな期待を抱いているのです。

　地方創生は、国の中枢の内閣官房・内閣府によって進められています。地方創生について、わかりやすく解説している「みんなで育てる地域のチカラ　地方創生」というサイトがあります（https://www.kantei.go.jp/jp/singi/sousei/）。ここでは、『まち・ひと・しごと創生「長期ビジョン」「総合戦略」「基本方針」』について触れています。

　また、地方自治体からも、それぞれの取り組み・方針が発表されています。

　あなたに、ビジョンや戦略があるように、国や自治体にも存在するのです。これらの情報を収集・分析し、あなたの事業と重なることがあれば、公民連携事業として取り組むことも可能です。各自治体に、地方創生関連の部署があるので気軽に相談するといいでしょう。

　ほかにも、観光庁が歴史的資源の活用事業として城泊・寺泊をスタートさせるなど、公共施設を使ったアイデアがビジネスになったりしています。

　とくにワカモノに関しては、ふるさとワーキングホリデー、関係人口創出などの取り組みや地域おこし協力隊などの制度を積極的にアピールしています。

　起業の前に、地方と関わるプロジェクトからスタートするのもおすすめです。

※関係人口……移住した「定住人口」でもなく、観光に来た「交流人口」でもない、地域や地域の人々と多様に関わる者

株式会社 百笑の暮らし

代表取締役 山本 亮さん

余白を楽しめる地方ならではの「豊かさ」に惹かれて

　僕は石川県の能登半島で、「日本古来の豊かな暮らし」を楽しんでもらい、広めていくための入り口として「里山まるごとホテル」を運営しています。

普通は、宿泊する建物をホテルと呼ぶことが多いですが、地域自体をホテルと見立てて、食事はここ、日中の体験はここ、夜泊まるのはここ……というように、地域全体を楽しんでもらうことをコンセプトにしています。

　僕は東京出身ですが、大学時代からゼミを通じて能登半島と関わりがあり、里山の暮らしが大好きでした。自分が能登で感じたよい雰囲気や文化を次の世代へつなげられるようなことがしたいと、学生時代からなんとなく頭の中でイメージしていました。

能登の好きなところは、そこにいる人たちが生きる力を持っているところです。都会であればお金さえ稼げていれば必要なものはすぐ手に入りますが、地方と呼ばれる場所では基本的に「欲しいものは自分でつくり出す」という考え方が根づいています。そうでなくても、人と分け合ったり、交換したり、

里山まるごとホテルの
仲間たち
（写真左が山本さん）

それでも足りなければ
買うときもあるという
選択肢の多さに、創造
やコミュニケーション
を楽しむ人間ならでは
の余白を感じます。

　都心に比べて「ない」「足りない」「できない」ことがあるから
こそ、今できることや人と分け合うことを楽しめる。そんな魅力
があるのが能登であり、地方だと思っています。

現実を知り理想も見つかった「地域おこし協力隊」

　僕は地域おこし協力隊になって実際に能登に住みました。その
おかげで、地域の現実をいい面も悪い面も自分の目で見ることが
できました。例えば、さきほどの「分け合う文化」のような温か
い付き合い方や、「知らない人だとしても挨拶をする」など、地
域住民に浸透している暗黙のマナーやルール、細やかな文化は、
住んでみるまでは知ることのできなかったものです。

　また、地域おこし協力隊はよくも悪くも期間が決まっており、
短期的なチャレンジがしやすく、自分自身がその地域と相性がい
いのかどうかを知ることもできます。僕自身、この期間に、自分
が幸せを感じる瞬間は目の前のお客さま（エンドユーザー）に楽
しんでもらえる瞬間であると気づくことができました。

任期終了の翌年、輪島にある「茅葺庵」という古民家の指定
管理者を募集することを知った僕は、そこで自分の好きな

茅葺庵の外観と、
輪島の食材を活かして
提供している食事

里山の暮らしをお客さまに直接楽しんでもらえる場所をつくろうと、手を上げることに決めました。

協力隊の任期が終わってから1年間しっかり準備をし、見事指定管理者に選定され、自分で事業を始める運びとなりました。

茅葺庵はそれまで、1日に数名しか利用のない施設でしたが、今では地域内外の方に愛される場所になっています。今後は、茅葺庵を里山まるごとホテルのレセプション兼レストランにして、さらに周囲の古民家で泊まれる「農泊」にも力を入れ、もともと思い描いていた本来の「里山まるごとホテル」に近づけていきたいと考えています。

普段の農作業にゲストが入ってお手伝いしつつ、ご飯をご馳走になって、地元に帰ったあとには、「あのおばあちゃんどうしてるかな～。また会いにいきたいな～」と家族のように感じてもらえたら素敵だなと思っています。つくり込んだ体験活動やおもてなしではなく、そこに暮らすことの豊かさ、楽しさを存分に味わってもらえるような形を目指しています。

細やかな事業づくりには公の資金も活用して

僕は起業当時、農林水産省が出している補助金を活用さ

せてもらいました。補助金を活用すれば、自己資金以上の投資をして仕事ができます。実際、補助金があったことで、ハード面（茅葺庵の備品など）も、ソフト面（人件費やデザインなど）も大きなお金をかけて取り組むことができました。

とくに、ロゴやホームページ、グッズなどのデザインにお金をかけられたのは大きなメリットでした。起業する際にはまだ売上がないため、削れる経費は削る必要があり、安く済ませてしまいがちですが、お金をきちんとかけて、お客さまが受け取る事業のブランドイメージを初期の段階で確立することができたのは大きかったです。

また、国がお金を出している事実は、人に信頼感を与えます。補助金はあくまで「初期投資」であって２〜３年後の運転資金は自分のビジネスを通じて得ていく必要がありますが、その心構えさえ持っていれば、活用する意義は大いにあると思います。

小さな前進をつみ重ねて生き方を見つけていく

もともと僕自身、最終ゴールが見えた状態で起業に動き出したわけではありませんでした。興味のある分野にちょっとずつ顔を出し、ちょっとずつ手を出していった先に、自分の発言や想いを拾ってくれた人がいて、ここまでくることができました。

何がきっかけになるかわかりません。まずは想いを正直に言葉に出せる仲間をつくっていくことが大切です。好きなことを声に出し、面白そうな場所に足を運んでみる。その繰り返しが夢の実現へとつながっていくはずです。少しずつでいいので「動きながら」道を見つけ、夢を叶えていってほしいと思います。

参考図書

- 『夢に日付を！【新版】夢をかなえる手帳術』
  渡邉美樹 （あさ出版）

- 『ヤンキーの虎　新・ジモト経済の支配者たち』
  藤野英人 （東洋経済新報社）

- 『投資家みたいに生きろ　将来の不安を打ち破る人生戦略』
  藤野英人（ダイヤモンド社）

- 『鎌倉資本主義　ジブンゴトとしてまちをつくるということ』
  柳澤大輔（プレジデント社）

- 『リビング・シフト　面白法人カヤックが考える未来』
  柳澤大輔（KADOKAWA）

- 『ソーシャル・ビジネス革命　世界の課題を解決する新たな
  経済システム』
  ムハマド・ユヌス（早川書房）

- 『地方創生の総合政策論（淑徳大学研究叢書）』
  矢尾板俊平（勁草書房）

- 『７つの習慣　成功には原則があった！』
  スティーブン・R・コヴィー（キングベアー出版）

第2部

基礎編

1 「お客さまは誰か」を明確にする

⠿ 地方起業のお客さま候補は「3パターン」

第2部では、地方起業を成功させるために必要不可欠な「経営の基礎知識」を身につけていきます。

まずは「地方で起業し、稼ぐためにもっとも大切なこと」から考えていきましょう。

第1部で私は、「ビジネスアイデアとビジネスモデルの違いは、『誰から売上をあげるのかが見えているかどうか』だ」と述べました。

「誰から売上をあげるのか」。つまり「お客さまを誰にするのか」。まさにこれが、地方で起業し、稼ぐためにもっとも大切なことです。「地方起業の場合、お客さまのターゲットをとても絞りやすい」からです。

地方起業で「お客さま」として想定すべき人たちは、次の3パターンのみです。

　①地元に住んでいる65歳以上の人
　②観光客（外国人観光客を含む）
　③インターネットの「向こう側」にいる人

「地元にいる子どもたちや、20〜50代の働き盛りの人たちは『お客さま』の中に入らないのか」と感じた人もいるかもしれません。

確かにかつては「地産地消」として、「地元の人みんなをお客さまとして商売ができればそれでいい」という考え方がありました。

ただしそれは、住んでいる人の年齢が、子どもからお年寄りまでバランスよく分布していたからこそ成り立っていたことです。

現在は少子高齢化・過疎化が加速しています。「地元に住んでいる20代をターゲットに」と考えたところで、そもそも地元にはワカモノが「いない」のです。

地方で起業することを考えたときに、「商売」として成立するお客さまは、「地元に住んでいる65歳以上の人」「観光客(外国人観光客を含む)」「インターネットの『向こう側』にいる人」の3パターンになります。その理由がわかっていただけたでしょうか。

それでは、それぞれの「お客さま候補」について、より詳しく見ていきましょう。

お客さま候補① 地元に住んでいる65歳以上の人

日本人の総預貯金は1000兆円強。そのほとんどを、65歳以上のシニアが占めています。

国としてはこれだけ多くのお金を「預貯金」として眠らせておくのではなく、経済を回すほうに使ってほしいと考え、「早く子や孫に贈与してください」と促していますが、なかなか進みません。

有り体にいえば、65歳以上の人は「お金を持っている」。そして、「人口も多い」。つまり、大きなマーケットとなり得ると

いうことです。

　地元に住んでいる 65 歳以上の人に喜んでもらえるビジネスは何か。考えてみる価値は大いにあります。

　悲しいことですが、65 歳以上になると、配偶者と死別し、「独居状態」になる人も多くいます。「一人暮らしのお年寄り」に対するビジネスを考えるのも、これからの地方起業のポイントになります。

∷ お客さま候補②　観光客（外国人観光客を含む）

　続いてのお客さま候補は「観光客」です。

　県外のお客さまだけでなく、外国人観光客も候補として考えます。

　「コロナショック」によって、日本の観光は大きな打撃を受けました。この先どうなるのか、まだ不透明な部分は多いのですが、あえてここでは前向きなお話をしましょう。

　薬が開発され、全世界的に新型コロナウイルスとの付き合いが安定したら、今まで以上に外国人観光客が日本に押し寄せてくると私は考えています。

　これまで人気の世界的観光地といえば、日本のほかフランス、イタリア、スペイン、アメリカ、中国といった面々でした。しかしこれらの国々における新型コロナウイルスの被害は、日本とは比べものにならないほど大きなものでした。

　改めて日本の「清潔さ」「安全性」が世界的に突出していることが再認識されたことで、旅行先に「日本」を選ぶ可能性はとても高いわけです。

　「日本に来るといっても、どうせ東京・大阪・京都・札幌じゃ

ないの？」と考えてはいけません。

　ここ数年、目の肥えた外国人観光客たちが足を運んでいる場所は、地方です。「その場所」でしか見られない風景を求めて、わざわざ足を運ぶのです。映画『君の名は。』が世界的な大ヒットとなった直後は、その幻想的な風景を一目見ようと、岐阜県の飛騨高山に観光客が多く訪れていたことは、皆さんもニュースなどで見聞きしたことがあるでしょう。

　もちろん日本人観光客も同じです。「その場所」でしか見られない、貴重な景色があれば、それだけで人は足を運びたくなるものなのです。

　中でも、65歳以上で、お金に余裕があり、趣味をはじめとするさまざまな活動に意欲的な「アクティブシニア」を引き込まない手はありません。「お金がある」「時間がある」「車がある」を全て満たすアクティブシニアは、強力な「お客さま候補」となり得ます。

　「地方ならでは」のものに、どのような付加価値を提供できるか。「地元以外」のお客さまをどう引き込むか。起業では欠かせない発想です。

お客さま候補③　インターネットの「向こう側」にいる人

　ふるさと納税が一般的なものとなったこともあり、地方の特産品がインターネットユーザーに認知される機会は格段に増えました。

　初めは「ふるさと納税の返礼品」としてしか見ていなかった、地元の豚を使ったソーセージの味に納税者が感激し、その後は

リピーターとして、そのソーセージをネット通販で買い続ける。そのような事例も多くまき起こっています。

　インターネットの「向こう側」には、世代・国籍を問わずたくさんのお客さま候補がいます。地元の「ちょっと埋もれている特産品」を見つけ、磨きをかけて、「光り輝く特産品」に育て上げる。そのような楽しみも、地方起業にはあります。

「お客さまは誰か」が明確になれば、ビジネスの軸がぶれることはありません。

　ビジネスの軸がしっかりしていれば、「この会社はいったい、何をしたい会社なんだ」と怪訝に思われることなく、地に足のついた会社として信頼されていきます。

　その信頼がまた、新たな売上につながるのです。

大事なのは「大好きなお客さま」とは誰なのかを考えること

　おじいちゃん、おばあちゃんに喜んでもらいたい。外国人のお客さまを感動させたい。

　大切なことはつまり、大好きなお客さまを決めることです。

　マーケティングとは、稼げる金鉱を探すのではなく、お客さまのハートを射抜くことなのです。結果、感謝・感動の形としてお金をいただくのです。

地方起業のお客さま候補は「3パターン」

1 地元に住んでいる65歳以上の人

日本人の総預貯金1000兆円強のほとんどを65歳以上が占めている。しかも人口が多い。
そのため大きなマーケットとなりうる。
配偶者と死別した「独居状態のシニア」向けのビジネスもカギとなる。

2 観光客(外国人観光客を含む)

「コロナショック」の中、日本が感染者数・死者数を大きく抑えられたことで、世界中の人たちは改めて日本の「清潔さ」「安全性」を再確認した。
今後、観光先として日本が選ばれる可能性が、今まで以上に高くなる。
また、お金に余裕があり、趣味をはじめとするさまざまな活動に意欲的な「アクティブシニア」を引き込まない手はない。地元ばかりでなく、地元以外に住んでいる65歳以上の人もお客さまとなりうる。

3 インターネットの「向こう側」にいる人

ふるさと納税をはじめとして、地方の特産品がインターネットユーザーに認知される機会は格段に増えた。これを機に、「地元の埋もれかけている特産品」を見つけ出し、インターネットを通じて積極的にアピールするのも、大きなビジネスチャンスとなる。

2

基礎編

「社会課題解決ビジネス」と「感動創造ビジネス」を融合させる

世の中のビジネスは「2つ」に大別される

　世の中にあるビジネスは、大きく「社会課題解決ビジネス」と「感動創造ビジネス」の2つに分けられます。

　「社会課題解決ビジネス」は、「不便」「不満」「不足」「不安」といった、世の中にあるたくさんの「不」を解決するビジネスです。公共インフラや交通、医療・介護、教育などがこれに当たります。

　一方の「感動創造ビジネス」は、世の中に「楽しい」「感動する」「ワクワクする」を提供するビジネス。観光や外食産業、エンタテインメント事業などがこれに当たります。

　私は、地方起業を成功させるためには、「社会課題解決ビジネスか感動創造ビジネスか、どちらかを選ぶ」のではなく、「社会課題解決ビジネスと感動創造ビジネスを融合させる」のがよいと考えています。

　いきなり「融合」といっても「何のことやら」でしょうから、まずは、「社会課題解決ビジネス」と「感動創造ビジネス」それぞれについて詳しく見ていきましょう。

社会課題解決ビジネス

　世の中のさまざまな「不」を解消するのが「社会課題解決ビジネス」です。

　日本人はもともと、この「社会課題解決ビジネス」が得意です。敗戦によって、何もない「不」だらけの世の中を経験したからです。焼け野原を出発点として、国もお金がなかったから事業家は税金も使わず、お互いに助け合い、「不」を解消するビジネスにお金を出し合いながら復興を果たしました。もちろん敗戦後ほどではありませんが、地方はまだまだ「不」だらけです。公共交通機関の本数が少なくて移動が不便なら、スーパーも少なくて買い物も不便。このように「不」がたくさんある環境ほど、「社会課題解決ビジネス」のチャンスも眠っているということです。

感動創造ビジネス

　「楽しい」「感動する」「ワクワクする」を世の中に提供するのが「感動創造ビジネス」です。

　「感動創造ビジネス」のもとになるのは主に、過去の素敵な思い出。「あの地域で食べたあの料理が美味しかった。もっと外国人観光客に知ってほしい」「澄み切った海に潜って見た、まるで竜宮城のような幻想的な光景を、都会の人にも味わってほしい」というように、あなた自身が持つ過去の素敵な思い出が「感動創造ビジネス」の源泉となります。

●●「融合させる」とはどういうことか

　「社会課題解決ビジネスと感動創造ビジネスを融合させる」。それはつまり、「世の中の『不』を単に解消するだけでなく、そこに付加価値を付けて、ワクワクしたり感動したりするようなサービスや商品を提供する」ということです。

　地方にはお年寄りが多い。だから、お年寄りの「不便」や「不安」を解消するために、介護サービスを始める。……これだけ

でも立派な「社会課題解決ビジネス」ですが、「特別なサービス」とはいいがたいでしょう。

「不」は目に見えるものですから、起業を考える誰もが、「同じサービス」を思いつく可能性があります。あなたが仮に介護サービスを成功させたとしても、それを見た競合他社が容易に参入しうるということです。だからこそ、単なる「社会課題解決ビジネス」で終わるのではなく、「感動創造ビジネス」と融合させて「あなただけのビジネス」をつくり上げるのです。

　例えば、お客さまであるお年寄りの方に介護を施すだけでなく、より多くのお金をいただいて「遊園地にお連れする」というプランはどうでしょう。

「もう一度、青春の思い出の遊園地に行きたい」と願うお年寄りの希望を叶えるプランです。もちろん介護を必要とする方をお連れするわけですから、さまざまな手続きや補助体制が必要となりますが、それらを手配するのに十分なお金をいただくことで利益は出ます。「お金をたくさん払ってでも、もう一度遊園地へ」という夢を実現するこのプランはまさに、「社会課題解決ビジネス」と「感動創造ビジネス」の融合です。そう簡単に、他社が真似できるものではありません。

　地方の遊園地にとって、「子どものため」だけの場所でなく、「お年寄りが子どもに戻れる場所」として新たなよさをアピールできるわけですから、Win-Winです。

　いかがでしょう。だんだん、地方で起業するイメージが膨らんできたでしょうか。

　次項から、地方起業を確実に成功させるためにたどるべき、「地方起業・成功の5ステップ」についてお話ししていきます。

「社会課題解決ビジネス」と「感動創造ビジネス」を融合させる

社会課題解決ビジネス

「不便」「不満」「不足」「不安」といった、
世の中にあるたくさんの「不」を解決するビジネス

例：公共インフラ、交通、医療・介護、教育など

感動創造ビジネス

「楽しい」「感動する」「ワクワクする」を
世の中に提供するビジネス

例：観光、外食産業、エンタテインメント事業など

「社会課題解決ビジネス」と
「感動創造ビジネス」を融合させると
「あなただけのビジネスモデル」が
できあがる。

2

基礎編

3

地方起業「成功の５ステップ」

1 経営理念を定める

■■ 5つのステップで事業計画を立てる

　地方起業を確実に成功させるには、いくつか段階を踏んで進めていくことが必要です。

　私たち公益社団法人ジャパンチャレンジャープロジェクトが東京証券取引所と連携して実施している「起業体験プログラム」では、これらの段階を「地方起業・成功の５ステップ」としてプログラム化しています。

　　ステップ１　「経営理念を定める」
　　ステップ２　「経営戦略を考える」
　　ステップ３　「社会を知る」
　　ステップ４　「ビジネスパートナーを見つける」
　　ステップ５　「収支計画をしっかり立てる」

　それぞれのステップについて、お話ししていきます。

■■ 経営理念を定めると、方針がぶれない

　ステップ１は「経営理念を定める」です。

　経営理念とは、事業活動の方向性を示す「会社の基本的な考え方」のことです。経営理念を固めることで、事業を「行き当たりばったり」な意思決定で座礁させてしまうことなく、いつ

までも持続させていくことができます。

経営理念は、次の３つで組み立てます。

①ミッション
②ビジョン
③バリュー

それぞれについて見ていきましょう。

①ミッション

ミッションは、あなたがその事業をする「理由」です。

「あなたはなぜその事業をしたいの？」と聞かれたときに「いや、ただなんとなく……」と答えるだけでは、誰も協力してくれません。

なぜその事業をしたいのか。そう思ったきっかけは何か。「楽しかった思い出」や「つらかった記憶」など、さまざまな理由があるでしょう。それらを掘り起こしていきます。

「つらかった記憶」が事業をする理由だなんて、暗くないかな？ なんて思う必要はありません。自身が子育てでつらい思いをしたのをきっかけに「こんなにつらい思いをするお母さんを減らしたい」と事業を立ち上げた女性もいます。

あなたがその事業をする理由を、過去の体験から、正直に、まっすぐに伝えられるようになりましょう。

②ビジョン

ビジョンは、あなたが事業をすることで「目指す姿」です。

あなたの事業を通して、世界はどのように変わるのでしょうか。誰が喜び、誰が笑っているでしょうか。

2

基礎編

「ビジョン」というくらいですから、「目指す姿」は映像でありありと見えるものである必要があります。さらにビジョンは、あなたに見えるだけではなく、周りにいる人たちにも伝わるものでなければなりません。

「あなたが思い描くビジョンのような世界に行きたい」と、周りの人の共感を呼べる状態が理想です。

③バリュー

　バリューは、あなた自身の持つ「価値」です。

「ミッション」を果たし、「ビジョン」を実現するためにあなたが持っている「価値」は何でしょうか。

「価値」という言葉ではイメージしづらかったら、「武器」という言葉に置き換えてみましょう。あなたの「武器」は何でしょうか。

　わかりやすいものでは、例えば「すでに地方に土地や古民家を持っていて、すぐに活用できる」とか、「手料理が大好きでメニューには自信がある」といったものがあるでしょう。

　しかし、そんなにすごい「武器」でなくても構いません。

「人と話すのが好き」「料理が得意」「子どもと関わるのが好き」など、自分では「とくに誇ることでもない、普通のこと」でも、周りの人から見れば大きな武器になることもあります。これから行う事業につながりそうな「好きなこと」「得意なこと」を何でも洗い出してみましょう。

　とことん自分と向き合うことで「あなた自身が事業で何を実現したいのか」が見えてきます。これが経営理念になるのです。

ジャパンチャレンジャープロジェクトの経営理念

ミッション

地域起業家をつくる

地域起業家が人気となり、各地域で活躍する。

ビジョン

地方創生ベンチャーが IT ベンチャーと同様主流となる

地域が社会課題といわれたことが、昔の話といわれる。
日本が起業後進国から起業先進国の仲間入りする。

バリュー

地域起業家のプロデューサーとなる

地方創生事業にチャレンジする地域起業家の発掘、育成、発表、
起業をトータルサポートする。

目標数値（KPI）

2030 年までに

・地方創生事業モデルを 100 地域でつくり、
　JAPAN CHALLENGER AWARD（SEMINAR）を開催する。

・地域起業家から10社、新規上場企業に導く。

・「起業体験プログラム」を大学、高校、中学校の1000校に
　導入する。

2
基礎編

4

2 経営戦略を考える

●●「ビジネスモデル」を固める

　ステップ2は「経営戦略を考える」です。

「経営戦略を考える」とは、先ほど考えてもらった「経営理念」に基づいて、「ビジネスモデル」を固める作業です。

　具体的には、次の3つについて考えます。

①ブランド戦略

　あなたの事業が信頼される理由をはっきりさせる。

②マーケティング戦略

　誰をお客さまにするかを決める。もっとも喜んでもらいたい人を考える。

③マネジメント戦略

　ヒト（人財）・モノ（商品・サービス・建物）・カネ（資金）の経営資源を何に「投入」するかを考える。

　それぞれについて詳しく見ていきましょう。

①ブランド戦略

「ブランド」とは、消費者に「この人がつくった商品なら買いたい」「この会社がつくったなら買いたい」と思わせるような、信頼を裏付けるもののことです。

　地方起業におけるブランド戦略は、例えば「アップル社がつくった製品なら安心して買える」という状態をつくり出すことです。「ヒトのブランド化」と「地域のブランド化」の2つに分けられます。

ジャパンチャレンジャープロジェクトの経営戦略

ブランド戦略

私たちは、地域で起業に挑戦する地方創生チャレンジャーの発掘、育成、発表、起業をトータルサポートする。
地方起業家向けに「JAPAN CHALLENGER AWARD」を運営し、ビジネスアイデアをビジネスモデルまで構築する実践型プログラム、東京証券取引所と連携したJPX起業体験プログラムを展開している。

マーケティング戦略

地域起業家、そして地方創生事業にかかわるステークホルダー、地域の地元高校生などワカモノ。

マネジメント戦略

公益事業として、経営、金融、IT、観光など各専門のプロを理事として、実行部隊はこれからの主役である「ワカモノ」で組成。

・ヒトのブランド化

　あなたが今、「喜ばせたいお客さま」に感じてもらえる信頼とはどのようなものでしょうか。あなたの人となり、性格をブランド化してみましょう。

　「○○さんといえばこうだよね！」という信頼をつくるのです。

「絶対にお客さまの目を見て話してくれるよね！」
「いつも笑顔でいるよね！」
「自分が悪かったときはすぐに認めて謝るよね！」
「いつも仕事が丁寧だよね！」

　このような行動の積み重ねがブランドとなっていきます。

　たいていの場合、起業時のメンバーは「あなた一人」であり、実績もありません。あなた自身が信頼され、ブランドとなるほかないのです。「この人から買いたい」「この人なら間違いない」と思わせるものを身につけましょう。

・地域のブランド化

　お客さまが「わざわざ」その地域まで来る理由は何でしょうか。

　お客さまが「何度も」その地域まで足を運びたいと思う理由は何でしょうか。

　それが「ブランド」です。お客さまが感動し、「またここに来たい！」「またここで買いたい！」「ここは信頼できる！」と思う部分をつくりましょう。

　素敵な思い出は、人に話したくなります。その口コミが、次のお客さまを生むのです。人に話したくなるような思い出を地域全体で提供していきましょう。

②マーケティング戦略

「マーケティング」とは、ここまでに何度もお話ししてきた「誰をお客さまにするか」を考えることです。

お客さまからいただけるものは、「お金」だけではありません。お客さまが喜んだり、お客さまから感謝されたりすることがあなたにやりがいをもたらし、事業を続けていくための大事な糧となります。「誰からお金ややりがいをいただくか」を考えるのは重要なことです。

地方は人口が少ないため、どうしても「地方に住んでいる人全員」をお客さまと考えがちですが、38ページでお話しした通り、それでは事業がぼやけてしまいます。

また、地方の観光業は、お客さまとの間に旅行代理店が入っているため、お客さまを「旅行する人」ではなく「旅行代理店」と勘違いしがちです。もちろん旅行代理店がお客さまであることも間違いではないのですが、「思い出を持ち帰るのは実際に旅行した人である」ことを忘れてはいけません。

自分の「お客さま」をはっきりと定めましょう。あなたが「喜ばせたい」「笑顔にしたい」と本気で願うのは誰でしょうか。

③マネジメント戦略

「マネジメント」とはいわば、事業をスムーズに運営するための「管理」のことです。

また、事業の形態も考えなければなりません。形態は、個人事業者、株式会社、ＮＰＯ法人、社団法人などさまざまです。

リスクを最小限にするためには、まずは小さく事業を育てていく個人事業者からスタートするのがよいかと思います。

「ヒトのマネジメント」「モノのマネジメント」「カネのマネジメント」の３つに大きく分けられます。

2

基礎編

・ヒトのマネジメント

　会社は、「人を多く雇い、売上をガンガン上げて、規模を大きくすればするほどよい」というようなものではありません。「やりたいことを、やりたい規模でやる」。これが地方起業における基本的な考え方です。自分の手の届く範囲で、本当に喜ばせたいお客さまを喜ばせることができているのであれば、その事業は十分に成功なのです。

　ただ、「すべてを一人でやり切る」のもまた大変です。「個人でやるところ」「周りの人の力を借りるところ」を考え、必要なら人を雇うことを考えなければなりません。

　人を雇う場合、きちんと給与を支払うだけでなく、仕事を通じて楽しい職場にしなければなりません。そのためには、スタッフが仕事を通じ、人間的にも成長していく必要があります。

　つまり、スタッフの人生にも関わり、しっかり向き合うということです。これが組織をつくるということです。

　組織をつくるのは人間関係づくりでもあります。

・モノのマネジメント

　第1部で述べたように、地方の圧倒的なアドバンテージは物価の安さにあります。家賃も安ければモノも安い。お金をかけずに活用できるものがたくさんあります。何は購入して、何は借り、何は自分でつくるか。どれだけのモノを扱うことになるか。自分の足で探してみましょう。

　また、物品の購入は中古品でも十分です。なるべく自分で納得するものを価格と相談して購入してください。またパソコンや食器など大切に使うことです。

　32ページでご紹介した輪島の山本さんは、輪島塗の食器や

釜などを地元の皆さんから提供いただいたそうです。これは彼の人柄によるものですが、これも地方ならではのエピソードです。

・カネのマネジメント

　事業を始めて間もないうちは、なるべく少ないお金を元手にすることが大切です。「最初から大きな投資をして勝負に出る」という考え方もあるにはありますが、あまりにもリスクが大きいといえます。地方は物価が安いので、そこまで大きなリスクをとらなくても、できることはたくさんあります。

「まずは自分一人が食べていけるくらいでOK」くらいの感覚で投資・リターンを考えましょう。着実に成果を上げながら、徐々に扱う金額を大きくしていけばいいのです。

　当初の計画通りに進まず、うまくいかないときのことも考えておかなければなりません。考えられる限りで「最悪のシナリオ」もつくっておきましょう。「まったくお金が入らなくなったらどうするか」「災害が起きたらどうするか」「従業員が全員いなくなったらどうするか」などをあらかじめ考えておけば、大概のことにはあわてずにすみます。

　そして「最悪のシナリオ」をも超えるような「超最悪」の状況に陥ったら、笑ってスパッとそのビジネスをやめる。そして次のビジネスを考える。それくらいの割り切りも必要です。

「撤退基準をつくる」。これも「金のマネジメント」として大切な要素なのです。

「戦略」という言葉からは、なんだか誰かと戦うようなものものしさが漂いますが、要は「大好きなお客さまに喜んでいただく大作戦」です。楽しく、ポジティブに考えましょう。

2

基礎編

5

3 社会を知る

•• 世の中で何が起き、どう動いていくのか

ステップ3は「社会を知る」ことです。

地方起業に限らず、事業を興すのであれば「社会」そのものを知っておかなければなりません。

地方起業をした人はよく、「自分の世界」だけでビジネスをしているような錯覚に陥るといいます。「いつもの従業員」「いつものお客さま」を相手にしているうちに、「この日常が世の中の全てだ」と思うようになってしまうのです。

地方は競合他社も少なく、人の流動も少ないため、それでもなんとかビジネスを回し続けることはできるのですが、やはり「世の中で何が起き、どう動いていくのか」を押さえないままに事業をするのは危険です。

そしてビジネスの潮流を見極めることです。時代の流れが来ているのか、引いているのか。社会を知ることで、この感覚を養うことが大事です。新聞やテレビ、雑誌の一方向の情報だけでなく、ネットでの個人の関心も大変参考になると思います。

•• 「PEST分析」で環境の動きを捉える

自社を取り巻く環境を捉えるのに有効なのが「PEST分析」です。「PEST」とは、右ページの表の4つの単語の頭文字です。

この4つを押さえると、現在の環境の状況を理解できるばかりでなく、未来の予測も立てられるようになります。

PEST分析

P：Politics
（政治的要因）

規制など、市場のルールを変化させるもの
- 法律、法改正
  （規制・緩和）
- 税制、減税・増税
- 裁判制度
- デモ・戦争
- 政権交代

E：Economy
（経済的要因）

景気や経済成長など、価値連鎖に影響を与えるもの
- 景気動向
- 物価
- 消費動向
- 経済成長率
- 為替・株価・金利・原油

S：Society
（社会的要因）

人口動態の変化など、需要構造に影響を与えるもの
- 人口動態（密度・構成）
- 流行・世論
- 世帯
- 宗教・教育・言論
- ネットの関心・フォロワーの数
- 老齢人口・少子化
- 感染症
- テロ

T：Technology
（技術的要因）

ITなど、競争ステージに影響を与えるもの
- インフラ
- イノベーション
- 新技術、技術開発
- IT活用
- 特許
- リモート
- Zoomなど新しいアプリ
- ユーチューバー

2

基
礎
編

・Politics（政治）

　政治とビジネスは離れているようで、実は直結しています。「コロナショック」の際、給付金、補助金などさまざまな対策に国はお金を使うこととなりました。その財源を確保するために、この先、確実に増税が行われるでしょう。

　しかし一方で、現状の「軽減税率」は残るはずです。欧州では消費税は20％以上ですが、軽減税率は5％以下が多く、場合によって日本では軽減税率は下がる可能性があります。この生活に必須な軽減税率対象のビジネスならば、チャンスといえます。

　国や自治体の意思決定は国民に必ず影響が及びます。政治や選挙に関心がないワカモノが多いですが、ワカモノの関心が高まれば政治は動くはずです。また、地方創生関係の方針も国が随時発信していますから、チェックしましょう。

・Economy（経済）

　政治が動けば経済も動きます。金利が上がったか、下がったか。円高か、円安か。円安になれば、外国人観光客がもっと訪れやすくなります。外国人観光客の動きも、経済状況に左右されるものです。

　これからどんな国の人が日本に来るのか。そもそも外国人観光客は増えそうか、減りそうか。今、日本人のお財布の状況はどのような感じで、何にお金を使おうとしているのか。そのような部分も、ニュースや新聞を活用してチェックしてみましょう。

・Society（社会）

「コロナショック」や「テロ」など、社会情勢は旅行先を選ぶ際に大きく影響しますし、災害や人口の状態によっても人々が

何にお金を使うかが変わります。新しい生活様式は、まさにビジネスアイデアの宝庫です。

　何かしら不安を感じる社会情勢があるならば、どうしたらそれらを取り除けるか、そしてその行動をビジネスに変えられないか、考えましょう。

　一方で、流行しているものや、これから流行の波が来ると思われるポジティブな社会情勢もあるはずです。どちらもチェックして、流行の波に乗るか、流行を予測して自ら波をつくり出すか、ワクワクしながら考えてみましょう。

・Technology（技術）

　IT、ICT の発達によって、社会の在り方、行動、移動の方法、仕事の仕方はどんどん変わっています。新型コロナウイルスの感染予防にともなう「新しい生活様式」の浸透もあり、都心ではコンビニエンスストアのセルフレジ化が急速に進んでいます。会議や商談もリモートで行われることが増えました。教育現場もリモート化していくことでしょう。

　また、たとえばこの先、自動車の自動運転技術がさらに向上すると、ドライブスルーで提供できる料理にも変化が訪れるはずです。片手で食べられるハンバーガーやおにぎりだけでなく、ステーキなど両手を使う料理も提供される日が来るかもしれません。

　さらに、IT を屈指したエンターテイメント性の高いイベントも進化するでしょう。ちなみに「いざ鎌倉！JAPAN CHALLENGER AWARD」でも面白エンターテイメントを採用し、リアル空間とは違うリモートならではの演出を考えています。

　IT 関係の起業を考えていないとしても、技術の進化によってビジネスモデルに新しい形を見出すことができるはずです。自分のビジネスにも活かせることがないか、考えてみましょう。

2

基礎編

﹕「年金」をポジティブに捉える

あなたの PEST 分析を助ける情報をいくつかご紹介しましょう。まず一つ目は年金です。年金のニュースは常に「財政危機」とセットで語られ、ネガティブな気持ちになるものですが、起業するからにはこれをポジティブな目線で捉えなければなりません。

現在すでに年金をもらうことのできているアクティブシニアは、充実した余生を過ごそうと、地方に足を運ぶ可能性が大いにあります。アクティブシニアをお客さまとしたビジネスが、これからの地方起業のカギの一つとなります。

﹕「インバウンドマーケット」はどう変わるか

二つ目は、外国人観光客についてです。さきほども述べたように、フランス、イタリア、スペイン、アメリカ、中国といった「世界の観光地ランキング」上位の常連国は、日本とは比べものにならないほど、新型コロナウイルスの被害を受けました。これらの国々へ観光客が戻るには、まだまだ時間がかかるでしょう。

日本は、被害を比較的少なく抑えられたため、「日本ならば安心・安全だ」と、外国人観光客が来ることも十分に考えられます。日本国内の問題だけでなく、海外についても目を向けていきましょう。

﹕共働き増加に合わせて可能性が広がるビジネス

三つ目は、日本の「家庭」についてです。共働き世帯は年々、増え続けています。

そのため、家事代行や宅配弁当といった、共働き世帯をサポートする事業も年々、数もジャンルも増えています。人気レストランの料理を自宅にいながら食べることのできるサービス「Uber Eats」は今や当たり前となっています。

　単に「共働き世帯が増えている」というデータを眺めるだけでなく、「その世代において困っているのは誰か」を考えることが、「ビジネスの種」となりうるのです。

コロナ禍におけるビジネスチャンスを考える

　四つ目は、「コロナ禍」についてです。新型コロナ問題で、各業界ではビジネスモデルも大きく変わろうとしています。

　この社会問題を問題として捉えるのは、行政やメディアや教育機関です。民間企業は、この問題をビジネスで解決するだけで、問題とは捉えません。地域起業家も社会起業家も、いいことをしているとビジネス感覚を後回しにしがちですが、いいことを思いついたなら、それはビジネスにするべきなのです。

日本の財政状況について考える

　最後は「日本の財政」についてです。コロナにおける補助金は結局、国民が税金という形で支払うことになります。

　すでに国は 1100 兆円の大借金をしていて財政は著しく厳しい。これを解決する方法は２つです。財政破綻するか大増税しかないのです。つまり消費税を上げることになるでしょう。

　私を含めオトナの責任をまさしくワカモノに押し付けようとしているようで本当に申し訳ない気持ちです。だからこそ、私たちは少しでもワカモノのサポートをしたいと考えています。

　新聞のオンライン版では、自分の関心のあるキーワードを登録しておくと、そのキーワードを含んだニュースがピックアップされて提示されます。関心のあるキーワードをどれだけ増やせるかが、情報収集のカギです。

2

基礎編

6

地方起業「成功の５ステップ」

4 ビジネスパートナー を見つける

❖ 「誰と組むか」を考える

　ステップ４は「ビジネスパートナーを見つける」です。

　一人でできることには限界があります。そして、誰しも得意・不得意があります。

　不得意なことに一人で立ち向かい、悪戦苦闘するばかりでは、せっかくの楽しい地方起業も苦痛でしかありません。自分の不得意な部分を補ってくれるような仲間を探しましょう。ステップ１で固めた経営理念を発信することができると、志をともにする仲間を見つけやすくなります。

　ミッションやビジョンを共有できる仲間とともに仕事をすれば、仕事のスピードも上がり、やりがいも大きくなります。

　とくに地方では、第１次産業、第２次産業こそ強いものの、第３次産業は弱い傾向にあります。そのため、例えば自分は第１次産業に携わり、第３次産業は都心部に住む人と組んで進めるなど、地方と都心のパートナーシップも有益な補完関係となり得ます。

　また、仲間は「人」とは限りません。地域課題に取り組む地域起業家は、「国」や「行政」、そして「企業」もパートナーになり得ます。

　地方創生の新規事業を「誰と組むか」。広い視野で考えましょう。

あなたの事業の可能性を引き出してくれる

　思っている以上に、あなたのビジネスモデルをビジネスチャンスと捉えてくれる人はいます。資金面ではベンチャーキャピタルなどが投資をしてくれて、ITを導入することで事業が広がるかもしれません。地方ビジネスモデルが全国展開可能なフランチャイズビジネスまで広がる可能性があるのです。

　これら「カネ」が先に出てきますが、私のパートナーでもある金融の藤野さんやITの柳澤さんのような業界のトップランナーが大切にしているのは「カネ」ではありません。「志」です。

　ある地方でのビジネスモデルが、パートナーの出現で一気に日本、いや世界のビジネスになる可能性だってあります。

2

基礎編

ビジネスパートナーを見つける

**ビジネスパートナーとは、
あなたのミッション・ビジョンに共感し、
得意分野を発揮し、
ともにビジネスを成功へと導く同志**

事業
（得意分野）

**真の
パートナー**

理念
（共鳴）

優先順位は「誰」とするかが第一。
ずっと一緒に、この仕事を育ててくれる人や企業を探そう。
「お金」の関係でなく、「ヒト（理念）」の関係を結べたら
事業は大きく加速する。

∷「公民連携事業」にできないか

　国は国策として、東京一極集中から地方分散、移住促進など地方創生事業に取り組んでいます。地域起業家のプロジェクトは、「公」にとって大歓迎のプロジェクトなのです。

　「公」、つまり自治体や学校など公務員が働いている組織をパートナーにすることで、例えば指定管理制度（国や自治体が所有する施設の管理を、企業や団体など民間の組織に任せる制度）を活用できる可能性も高まります。指定管理制度を活用できると、建物や車といったハード面の形あるものの援助を受けることもできるようになります。始める事業が公からの援助を受けられる対象であれば、積極的に受けてよいでしょう。何から何まで「補助金頼み」なのは考えものですが、事業を始めてすぐのうちは、「補助金」はとても大きな財源となります。なお、あくまでもこれは、事業を始めるための「投資資金」であり、人件費という名目で自分の懐に入れてはいけません。

　また、観光名所は国や行政の土地であることが多く、その素晴らしい「景色」に付加価値をつけるビジネスを展開する場合、国や行政と「組む」ことにもなります。

　「公」は心強いビジネスパートナーとなるのです。

　「公」とはいえ、その中にいるのはやはり「人」です。

　役所の中にも、志の高い人はたくさんいます。地元を元気にするため、本気で戦っている人たちに、熱意を持って経営理念を伝えれば、こちらの意向を親身になって聞いてくれます（ちなみに私は、よく手紙を書いて熱意を伝えています）。

　学校との連携も大切です。

　行動に起こせていないものの、地元への思いを秘めている

ワカモノを巻き込むには学校が一番。先生方は、地元について持っているデータの量が違います。事業活動の根拠になる資料を手に入れられますし、私たちがやっていることを伝えることで、学校の研究材料にしてもらうこともできます。いわゆる Win-Win の関係がつくれるのです。

　パートナー探しで気をつけたいのは、あまりにも「打算的」にならないこと。あなたも、「この人は自分を利用しようとしているな」と感じる人と付き合いたいとは思わないでしょう。「お金」だけでなく、お客さまの笑顔を浮かべながら商談ができるパートナーを探す姿勢で臨みましょう。

2

基礎編

公民連携事業

「ソーシャルビジネス」とは、
何らかの社会の課題をビジネスの手法で解決する方法

社会保障事業（税金）　ソーシャルビジネス　民間事業（売上）

7

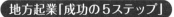

地方起業「成功の5ステップ」

5 収支計画をしっかり 立てる

●●「値段」は堂々とつける

　ステップ5は「収支計画をしっかり立てる」です。

　ビジネスの醍醐味_{だいごみ}は「値段を自分でつけられる」ことです。

　サービスにせよ、ものにせよ、付加価値をつけることで、値段の設定も自分たちで行うことができます。

　優しく、謙虚な人であればあるほど、「あまり高い値段にするのも、なんか悪いな」と価格設定を安くしがちなのですが、これは消費者から見て「この経営者は、商品／サービスに自信がないのだな」と見られる、最悪のパターンです。

　堂々と値段をつけましょう。

●●「自己資金」で立ち上げ、本気で取り組む

　収支計画は次のように、4段階で立てます。

・資金計画

・売上計画

・費用計画

・利益計画

とくに重要なのは「資金計画」です。

収支計画

（事業モデル）　　　　　　　　　　　（お客さま）

$$\frac{商品・サービス}{価格} = 付加価値$$

ステップ「起」：資金計画を立てる

**自己資金、外部資金（株式・借入）、
公的資金（補助金・助成金）、投資（投下資本）**

※いかにして投資を抑えるか。

ステップ「承」：売上計画を立てる

**利用者数×客単価（サービス業）／購入者数×単価（物販）
つまり、単価×客数＝売上
単価はいくら？／どれくらい利用いただきたい？**

ステップ「転」：費用計画を立てる

**売上と連動するコスト（間接費）／
売上には直接連動しないコスト（固定費）**

ステップ「結」：利益計画を立てる

利益をあげ、納税をすること

他者からお金を借り入れて初めから大きな投資をするのも一つの考え方ですが、コストを低く抑えられる地方起業においては「自分の持てるお金を使って」、つまり「自己資本」で事業を立ち上げるのが望ましいと私は考えます。つくり出す商品やサービスに対する「本気度」が変わってくるからです。

「地域おこし協力隊」の制度を利用して地方起業の準備をする人の中には、月16万円前後という手取り収入の中からコツコツと貯金し、事業への投資に回している人もいます。「お金がないからできない」「お金が貯まったら事業をやろう」ではなく、「お金がない中でどう事業を興すか」を真剣に考えている人もたくさんいるのです。

　また地方では、起業のための助成金なども充実しています。先にも述べたように、国が「投資資金」として、「稼いで、納税してね」という姿勢でサポートをしてくれているのです。

　投資や費用を低く抑えつつ、売上をあげて利益を出す。自己資金でこのサイクルを実現できると、事業を安定して長く続けることができます。

　また、書類上で利益が出ていても、資金（現金）がなく、外部への支払いが滞ってしまえば、会社は倒産してしまいます。

　利益だけでなく現金にも注目し、「あといくら使えるのか」「いつまでに資金を調達しなければいけないのか」に気を配りましょう。

　商品やサービスがたくさん売れればお金が増えて、費用がかかればお金が減る。売上から費用を引けば、その額が利益となる。実はとてもシンプルな話です。どうしたらより多くの利益を出せるかが経営者の腕の見せどころです。

　会社のお金の勉強は、学校ではなかなか教えてくれませんが、起業する、しないにかかわらず、社会で働くうえでは必須の知識です。

　この機会にぜひ押さえておきましょう。

2

基礎編

株式会社 Prima pinguino

代表取締役 藤岡 慎二さん

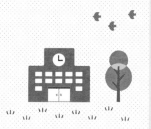

地域に活力をもたらすには教育が不可欠

　もともと高校生向けのプロジェクト学習や進路指導、推薦・AO入試対策などの教育分野に従事していた私は、あるとき秋田県で絵に描いたようなシャッター街を目にしました。人口減少が激しく進行しているのを目の当たりにして、10年後、20年後、日本中の「地方」と呼ばれる場所が全てこうなってしまったら、人々が活力を持って生きることはできないのではないかという危機感を感じたことが、地域活性に関わろうと思った初めのきっかけです。

　その後、「高校魅力化プロジェクト」発起人の岩本悠さんと知り合ったことで、島根県「隠岐島前高校魅力化プロジェクト」に携わることになりました。「地方の学び場を魅力的にする」という分野であれば、自分の専門である教育の知見を活かして、地方を元気にできるのではないかと思いました。

　地方創生というと多くの人が商店街の活性化や新サービスの展開など商業的な面での取り組みを思い浮かべると思います。しかし、子育て世代が住む地域を選ぶ条件の1位は、子どもの教育環境が整っているかどうか。ファミリーでの移住・定住を推し進め、

地方から羽ばたく
グローカル人材を
輩出している

その地域に愛着を持っ
て過ごしてもらえるよ
うな教育観点での地方
創生は不可欠です。

「人として」受け入れられることがスタート

　プロジェクトの立ち上げに携わる中で悩んだのが、人間関係で
した。
「ビジネスモデルをどうするか」のような部分は、ある程度論理
的に考えれば解決できることも多いですが、まったく知らない土
地でのプロジェクト進行は、人と人との関わり方の難しさがあり
ました。地方の面白いところは、何より「人間性」が見られてい
るということ。たとえほかの地域で成功していてノウハウがあっ
ても、嫌なやつだと思われたらそこまでなのです。

　僕自身も AO 入試や推薦入試のプロとして、学生のハーバー
ド大学合格を助けた経験もあり、大学受験の業界ではある程度認
めてもらっていましたが、そのような話をしても、「へえ、よく
わからないな」とだけ返されることも。

　地方に入るときには、人として受け入れてもらえるかどうかが
大事なことだったのです。一緒に商店の看板を直したり、とにか
く飲み歩いて住民の方々とまずはお話ししたりと、自分の人とな
りを知ってもらうことに、初めの半年を費やしました。

　するとだんだん「よくわからないけど、頑張ってるな」といっ

てするとだんだん「よくわからないけど、頑張ってるな」といってもらえるようになったのです。

　地域の方々の気持ちをよく理解し、同じ方向を見て話し、助ける／助けられるの関係ではなく、戦友になる気持ちで対等にコミュニケーションをくり返すことで、外部者と地元住民が一体となった地域活性ができると感じています。

言葉にして伝える力

　ジャパンチャレンジャープロジェクトの中川さんとは、ワタミの渡邉美樹さんを通じて、ひょんなことから出会いました。初めはソーシャルビジネス関係のファンドがあるからと出資のお話をいただき、そこからさらにビジネスコンテストに出場することになったのです。

　コンテストでは本番前に合宿がありました。合宿では当時のセミナー講師から「このプレゼンはビジネスプレゼンでしかない」とはっきりいわれたことを今でも覚えています。ただのプロジェクトの紹介になっているから、もっと「なぜこれをやりたいのか」をいえるようになりなさいと。そこで初めてプロジェクト全体を見直し、言葉にして伝える練習をしたことが、自分の価値観と社会課題が

結びつくきっかけになりました。最終的には、プレゼン内容はもちろん会社名まで変えることになりました（笑）。

大勢の人の前でプレゼンする機会があることは、資金面や認知度の向上においてももちろん有益ですが、僕の場合は自分自身が事業を捉え直すことができたため、コンテストが終わってからは誰に聞かれても、事業のことを迷わず話せるようになりました。これは本当に大きな収穫だったと思います。

自分で探し動くことを大切に

　地元には何もない、どう地元を元気にしたらいいのかわからないという人もいるかと思います。たしかに都市部に比べてチャンスも少ないし、財政的に余裕のない地域が多い。ですが、だからこそ、地方で自分の頭と手を使って実現できたことは、日本中に広げられる大きな可能性を秘めていると思うのです。

　また、都市部にはすでにさまざまな情報があふれているので、何かやろうとしても前例があり「パクリ」になってしまうのに対して、地方ではあなたの人となりや個性、オリジナリティを活かす機会が存分にあります。

何もないからこそつくり出す、あったらいいなと思うものを自分たちで形にする。ワカモノたちにはまず自分の身の回りの範囲から、できることをやってみる。そしてできなかったら周りを頼ってみる、というように、一つ一つあきらめずに、地域課題に挑戦してほしいです。

第3部

実践編

1 地方で成功する ビジネスモデル

∷ 現実に限りなく近い経営プロセスを再現

　第3部は「実践編」です。

「もしも自分が地方起業をしたら、何が起こるのか」「何をしなければいけないのか」を体感しながら学んでいきましょう。

　ここからは、第2部で学んだ「事業の基本」をもとに、ワークシートに自分の考えを書き入れながら、「地方で成功するビジネスモデル」につくり上げていきます。

　起業は、必ず株式会社を設立する必要はありません。個人事業やNPO法人でも構いません。ここでは、JPX起業体験プログラムを参考にして株式会社について学んでみましょう。

　作業に入る前に、まずは、地方起業のプロセスを確認しておきましょう。株式会社運営は、次のような流れで進めます。

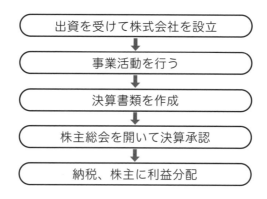

出資を受けて株式会社を設立
↓
事業活動を行う
↓
決算書類を作成
↓
株主総会を開いて決算承認
↓
納税、株主に利益分配

「起業体験プログラム」の流れ

公益社団法人ジャパンチャレンジャープロジェクトでは、株式会社東京証券取引所が進めている「起業体験プログラム」に準拠し、連携して進めている。

オリエンテーション
株式会社の仕組みの講義、プログラムのルール説明

チームをつくる
会社を構成するメンバーを集め、社長、会計、営業、広報など役割分担をする

ビジネスプランをつくる
「何を商品にして、どのように売るか」を考え、事業計画書にまとめる

投資家にプレゼンテーション
ビジネスプランを投資家（主催者や地域関係者など）に発表し、出資金額が決まる

会社設立の手続きをする
登記簿を作成し、司法書士や国（法務局）にチェックしてもらいながら会社登記を行う

株式発行、資金調達
投資家（主催者や地域関係者など）から出資金を受け取り、株式を発行する

仕入れや販売準備
原材料や包材など商品、販売に関連する会社や店舗に協力を仰ぎ、交渉する

実際に販売する
販売する場所は、主に学校の文化祭や地域のお祭り、イベントなど

決算書類を作成
売上や経費などをまとめて決算書類を作成。会計士による監査証明も行われる

株主総会を開催して決算承認
株主総会を開いて決算書類の内容を株主に発表し、決算を承認してもらう

納税および利益の分配
利益が出た場合は模擬的に納税し、利益を株主に分配する

3

実践編

地方で起業する——。

ドキドキ、ワクワク、「誰に、どんな商品・サービスを提供しようか」と、アイデアはどんどんふくらむでしょう。

しかし、アイデアばかりでは会社を経営できません。何をするにもついて回るのが「お金」と「プレゼンテーション（プレゼン）」です。

●●「事業の中身」を練り、的確に「プレゼン」する

「何をするにも『お金』と『プレゼン』がついて回る」とはどういうことか。

事業を始めるには、元手となるお金が必要です。設備を買ったり借りたりするのにも、従業員を雇うのにも、材料を仕入れるのにも、お金がかかるからです。

元手となるお金を集める方法は、次の3パターンが考えられます。

①自分で蓄えたお金を使う
②銀行からお金を借りる
③株式を発行し、投資家からお金を調達する

①のように自分のお金だけで自分の事業を起ち上げるのであれば、誰かにプレゼンする必要はありません。

しかし、「②銀行からお金を借りる」と「③株式を発行し、株主からお金を調達する」の手段を選ぶ場合は「プレゼン」が必要です。

銀行もボランティアで運営しているわけではありませんから、「貸したお金を元手に大きく儲けて、利子をつけてお金を返してくれそうだ」という見込みのない事業には、お金を貸し

たくありません。

　そのため銀行からお金を借りるには、「このような事業を行うためのお金を貸してください。この期間でこれだけ儲かり、この時期には借りたお金を返す目処が立ちます」という「プレゼン」が必要になります。

　投資家からお金を調達する場合も同様です。

　投資にはリスクがあります。起業家の夢や志を応援したい投資家も「できる限り成功してほしい」「だからこそ、考え抜かれた事業の中身を知りたい」と考えます。

　だからこそ投資家に、「私たちはこのような事業を展開します。これだけのお金を集めることができれば、それを元手にして稼ぎ、期末にはこれだけの利益を出せる予定です」と、知っていただく必要があります。

　投資会社を中心とする「未知の大きな可能性に賭けてみたい」株主候補に事業計画書を提示しながら「プレゼン」を行う必要があるのです。

株式投資の＜リスク＞

・会社に利益が出ないと配当金が減ったり、もらえなかったりする

・株式を売る時に、株価が値下がりしていて損をするかもしれない

・株式を持つと、儲かることもあるし、損をすることもある
（将来のことなので、どちらに転ぶかわからない）

・この振り幅の大きさを「リスク」という

それだけではありません。株を買って株主になると、その個人／投資会社は株式会社の最高の意思決定機関である「株主総会」に出席して「質問」「意見」「提案」「決議」をする権利を得ます。株主総会は毎年行われますから、毎年毎年、「計画通りに利益を出せているか」「利益を出せていないのなら、何が問題なのか」を説明しなければならないわけです。

　「会社の経営がうまくいっているかどうか」は、株主にとって「配当金や売買益などのメリットを得られるかどうか」に直結しますから、厳しい意見を述べる株主も出てきます。納得できなければ、株式を手放すこともあります。しっかりと現状を説明して、理解を得て、株式を保持してもらわなければなりません。

　そして何より、利益を出すためには、消費者に対して自分たちが「どのような商品・サービスを提供しているのか」をプレゼンし、お金をいただかなければならないでしょう。

　「何をするにも『お金』と『プレゼン』がついて回る」とは、こういうことなのです。

　株主や消費者に、自社や商品のことを的確に説明するのは「なんだか大変そうだな」と感じるかもしれませんが、「事業の中身」がしっかりしていれば、説明も苦になりません。まずは「事業の中身」を固めるべく、ワークシートを使って、あなたが思い描いているビジネスモデルを整理していきましょう。

株主から見た＜株式のメリット＞

【配当金】

会社の利益の一部が持ち株数に応じて株主に分配される

会社の成績（＝業績）

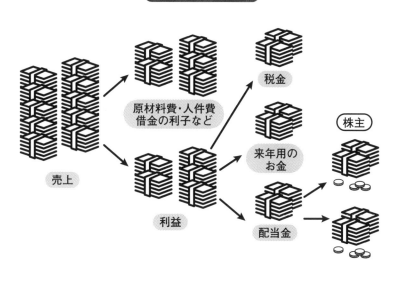

3

実践編

【売買益】

会社の価値が上がり株価が上昇すれば株を売ったときに利益が出る

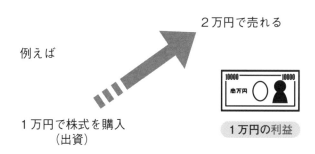

2 起業に役立つ 「ワークシート」

:: 「起業家として必要な要素」が詰め込まれている

ここからは、あなたの頭の中にあるビジネスやアイデアを実現するために「ワークシート」を使っていきます。

ワークシートは、第2部でお伝えした「地方起業・成功の5ステップ」の内容に対応しています。ビジネスやアイデアをワークシートに落とし込みながら復習し少しずつ整理していきましょう。

「難しそうだな……」と感じるかもしれませんが、心配はいりません。

ワークシートで書き出す内容は、「起業するにあたり、最低限、考えなければいけない事項」に絞っています。それでも「起業家」としてのスタートを切るには十分な内容が詰まっていますから、このワークシートを全て埋めることができれば、あなたは立派な「起業家」の仲間入りです。

:: 「何をするのか」より「なぜするのか」

ワークシートを書き進めていくうえで大切なのは、「何をするのか」より「なぜするのか」を強く意識することです。

起業するとなると、あまりにワクワクするばかりに、「お客さまに提供する商品やサービスをどのようなものにするか」だけをイメージしがちです。

もちろんそれはそれで大事なのですが、起業家として忘れてはならないことがあります。

それが第2部でお伝えした「地方起業・成功の5ステップ」であり、その中でもとくに「ミッション・ビジョン・バリュー」という経営理念です。つまり「その事業をなぜするのか」を突きつめることが、商品・サービスの内容を考える以上に重要なのです。

お弁当屋さんを開くとしたら、「どのようなお弁当を提供するか」は後回し。まずは「なぜお弁当屋さんを開きたいのか」「お店を開くことで最終的に目指したい社会の姿は？」「お弁当屋さんを開くことで発揮できるあなたの価値は？」と、「ミッション」「ビジョン」「バリュー」を考えます。するとおのずと、「どのようなお弁当を提供するか」も定まってきます。

∷ イメージを「言語化」する

「もうイメージは頭の中にできている。ワークシートに書き込むなんて面倒だよ」と思う人もいるかもしれません。

ただ、それでもワークシートに書き込む作業は行いましょう。

明確に言語化できないイメージは、人に話すこともできないからです。

仲間を集めるため、資金を集めるため、お客さまに知ってもらうためなど、これからあなたには、さまざまな場で「どんな事業か」「なぜやりたいのか」「なぜやる必要があるのか」をプレゼンする機会が訪れます。そこで「自分の頭の中にあるイメージをわかってよ！」とごねても通用しません。ワークシートに書き込むのは、相手に伝わるよう言語化するための準備なのです。

公的機関に提出するものではありませんから、荒削りでも構いません。起業に向けて、ワークシートで頭と心の準備をしておきましょう。

3

実践編

ステップ⓪

アイデアを出せる
柔軟な頭を用意しよう

　さあ、早速ワークシートを書き進めていきましょう！

　といっても、なかなか難しいと思いますので、初めに頭の体操・ウォーミングアップができる方法をご紹介します。

　この本を手にした人の中には、すでにやってみたい事業を思いついている人もいれば、「何かやってみたいなあ」「地元を元気にしてみたいとは思うんだよなあ」という漠然とした思いを抱えているという人もいるのではないでしょうか。

　まだ、何をしたいかが漠然としている場合は、ブレインストーミング（以下、ブレスト）をするといいでしょう。

　ブレストとは、複数の人が自由にアイデアを出し合う会議の方法のことをいいます。

　例えば、「この街にワカモノが来たくなる工夫を考えよう！」のように任意のテーマを決め、制限時間内にグループ内でいくつも案を出していくのです。

　ブレストをするうえで大事なのは、

「出た意見を否定しない」

「他人の意見に乗っかってもよい」

「アイデアの質よりも量を意識する」

　というルールを守ることです。とにかく一つのテーマについてたくさんのアイデアを出し、みんなで肯定し合うのです。

　グループ内で互いにいいところを見つけながら、アイデアをどんどんあふれさせ、「もっとこうすれば、よりよくできるかもよ！」と乗っかっていくことで、頭の中がワクワクするアイデアでいっぱいになるはずです。

「事業を始めるのに何か面白いアイデアを思いつきたいけど、浮かんでこない……！」

　という人も、ブレストをすることで、思いもよらなかったアイデアが浮かんでくるかもしれません。

　ブレストをする際、面白法人カヤックが販売している「ブレストカード」という商品を活用するのもおすすめです。

　ブレストカードには、たくさんのイラストが描かれており、「投資家」と呼ばれる役割のメンバー1人がテーマを決め、「プランナー」と呼ばれるほかのメンバーが、1人ずつカードをめくってその絵に関係する、テーマに沿ったアイデアを出します。

　ブレストカードを活用することで、ブレストをより楽しく行うことができます。

　通常のブレストを行うもよし、ブレストカードのようなキットを使って楽しくしてみるもよし。柔軟なアイデアを出せる頭を準備していきましょう。

3

実
践
編

自分と向き合い、本当にしたい事業を考える

ワークシート146ページ

　柔軟な頭が用意できたら、本題に入りましょう。

　このステップは、「成功の5ステップ・1経営理念を定める」（48ページ）と対応しています。

　経営理念とは、会社のあり方を端的に表す「信念」のようなもの。自分自身と真剣に向き合うことは、自分の会社で何をしていきたいかを考えることと同義です。自分の内から出てくる正直な言葉を大事にしながら、書いてみましょう。

ミッション

　その事業を「なぜ」したいと思うのかを書いてみましょう。

ビジョン

　事業をすることで「どんな世界」が見られると思うのか書いてみましょう（難しい場合は、5年後で考えてみましょう）。

バリュー

　事業をするにあたって使えると思う強みや、自分の得意なこと、活かしたい好きなことは何か書いてみましょう。

　少々難しく感じるかもしれませんが、ここがもっとも大事なワークです。心の声を正確に言語化していきましょう。

　どれからつくっても構いません。ミッションは過去の自分と、ビジョンは未来の自分と、バリューは今の自分と向き合うことです。"バリュー"からつくるのがつくりやすいでしょう。

(書き方例) **自分と向き合うワークシート**

ミッション（過去から導く）

・実家では伊豆の美味しい農産物を食べさせてもらっていたが、その美味しい野菜をつくってくれる農家さんが廃業するのを見て心が痛んだ。

⇒いいもの・美味しいものを食べる人はもちろん、それをつくる人たちも笑顔になれる社会をつくりたい。

ビジョン（未来を想像する）

・観光客の人はもちろん、普段伊豆の野菜に興味を持たない若者なども来たくなる、美味しくて楽しいカフェにする！

バリュー（今と向き合う）

・農業高校に通っているので、農業の持つ課題や奥深さなど、学んだことを伝えたい。
・美味しい伊豆の農産物をもっと世の中に広めたい！

参　　考：2019年度　伊豆 起業体験プログラム参加チーム（高校生）
事業内容：伊豆の魅力が詰まったお茶漬けカフェを運営する

3

実践編

5 ステップ②

社会を知る

ワークシート147ページ

　自分と向き合った後は、周りに目を向けてみましょう。

　このステップは「成功の5ステップ・3社会を知る」（58ページ）と対応しています。社会の動きを捉えながら事業を行う重要性を思い出しながら、自分の事業に関係する動き、トレンド、今後の見通しをニュースサイトや新聞で調べ、PEST分析を行いましょう。下記の質問を参考にすると、書きやすいでしょう。

政治（Politics）

・新しく通った法案や条例はないか

・事業に関係する分野の国や自治体の予算はどうなっているか

・補助金や助成金、保証はないか。誰が対象になっているか

・税金の動きはどうか。消費税や法人税は上がりそうか

・経済的な打撃を受けそうな事象、災害などは起きていないか

経済（Economy）

・景気はいいか、悪いか。ここからどうなりそうか

・金利は今、円高か円安か。これからどっちに行きそうか

・GDPは上がっているか、下がっているか

社会情勢（Society）

・外国人観光客の数はどうなっているか

・最近のトレンドは何か
・今の日本でとくに困っている人や課題は何か
・どのような会社が台頭してきているか

技術（Technology）
・どんなITツールができているか
・どの技術なら真似できそうか
・すでにリリースされていて簡略化できるサービスはないか
・インフラの状況はどうか。人々の生活はどう変わっているか

　社会の動きを自分ごととして捉えてみると、見える景色も変わってきませんか？

書き方例 社会を知るワークシート

政治 politics 〜自社が関係する政策、税金、法律、外交政策など
・農林水産業みらいプロジェクトの助成金募集が今年も始まる。
・コロナ禍でも地方創生事業を継続。

経済 economy 景気、金融政策、為替、株価、設備投資傾向など
・伊豆を訪れる外国人観光客の数は年々上昇傾向だが、泊まっていく人は少ない。
・日帰りで訪れることができる近隣諸国のアジア向け観光政策が必要と考えられる。

社会情勢 society 人口、少子高齢化、人々の関心、社会問題など
・2020年は従来と違い、料理の価値は高いが接客サービスは簡易的な形態が注目を浴びると予想されている（高級肉を取り扱うが肉は自分で焼く一人焼肉専門店などが「おもて無し」サービスと呼ばれている）。
・テイクアウトのお店が増えている。

技術 technology 技術革新、ITやAIなど
・5Gの普及、どこでも仕事できるリモートワークの充実、VR・ARのさらなる活躍が予想される。

参　　考：2019年度　伊豆 起業体験プログラム参加チーム（高校生）
事業内容：伊豆の魅力が詰まったお茶漬けカフェを運営する

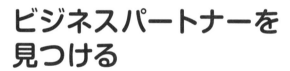

6 ステップ③

ビジネスパートナーを見つける

ワークシート148ページ

　このステップは、「成功の5ステップ・4ビジネスパートナーを見つける」（64ページ）と対応しています。

　ビジネスをするうえでは、自分の得意・不得意を見分けること、そのうえで、できない部分を補完してくれるパートナーが必要不可欠です。下記を参考に、ビジネスパートナーになりうる相手について書いてみましょう。

相手方

　あなたのミッションやビジョンに共感してくれる人（組織）、あなたが持っていないもの、できないことを補完してくれる人（組織）は誰（どこ）か。人や会社だけでなく、自治体や国もパートナーになりうるので、広く調べてみましょう。

その相手と組みたいのはなぜ？

「一人ではできない部分を補ってくれるのはどのような点か」「その人と一緒にやりたいのは、とくにどんな部分でそう思うのか？」と自分に聞いてみましょう。

どのような協働が考えられる？

　パートナーとどのような協働が考えられるか、書いてみましょう。例えば、農家レストランをしたいという事業プランで

あれば、「生産方法にこだわりをもつ農家さんと契約し毎月食材を仕入れる。また3ヶ月に1回、新メニューの開発にも携わってもらう」などが考えられるでしょう。

　ほかにも、地元の名産品を全国各地に広めていきたいなら、これを販売してくれるインターネットに強い人や商品をデザインしてくれる人と協働するなどが考えられます。

　6次産業でプランを考えていて自分が1次産業に強いなら、2次産業、3次産業のパートナーを探すことです。

　このように、個人だけでなく企業、自治体まで視野に入れてパートナーを探し、できることの幅を大きく広げましょう。

書き方例 **ビジネスパートナーを見つけるワークシート**

相手方(個人?　企業?　自治体?　国?)
・地元の〇〇陶芸工房

その相手と組みたいのはなぜ?
・地域活性のために外国人観光客にも対応した陶芸コースを行っていて、英語が堪能な数少ない工房だから。
・食材を仕入れる農家さんとも、私たちのカフェ開店予定の場所とも近い場所にあるから。

どのような協働が考えられる?
・午前は農家さんにお邪魔して野菜の収穫体験をし、お昼はその野菜を使って、器やお箸を選んで食べられる当カフェでお茶漬けを楽しみ、午後は、家に帰ってからもお気に入りの器でお茶漬けを食べられるように陶芸体験を行える特別ツアーを設計。

参　考：2019年度　伊豆 起業体験プログラム参加チーム（高校生）
事業内容：伊豆の魅力が詰まったお茶漬けカフェを運営する

3

実践編

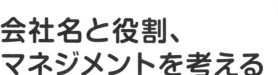

7 ステップ④

会社名と役割、マネジメントを考える

ワークシート149ページ

　次に、ビジネスプランについて考えましょう。ビジネスプランとは、「何をやっていくか」であり、誰をお客さまにして、どのような商品やサービスにするのか、事業全体の構造をいいます。まずは、JPX起業体験プログラムのテキストを参考に事業の土台として、会社名、チームメンバーの「役割」、マネジメントについて考えましょう。

会社名

　まず、会社名を考えます。後から決め直しても構いません。個人事業者なら屋号でも結構です。

チームメンバーの「役割」

　仲間と一緒に起業するのであれば、それぞれのメンバーの強みを活かした役職と役割を決め、書き出します。

　適切な役割分担を考えることが、これから先の仕事選びにもつながります。初めは一人あたりの役割が多く、重複することもあるかもしれませんが、だからこそ、一人一人が何に責任を持つのかはっきりさせることが大切です。

マネジメント

　人の採用で重視するのは何か、どのような方法で仲間を巻き込むか、どのような人を集めたいかなどを考えましょう。

(書き方例) **マネジメントシート**

会社名	株式会社ふぁ～みんず

※最初か最後に「株式会社」と書いてください。　※個人であれば屋号

チームメンバーの「役割」

役　職	役　割　～何の責任者?～	メンバーの名前
社長	会社のリーダーとなる	山田〇〇
会計担当役員	お金を管理する	田中〇〇
製造担当役員	商品をつくる	佐藤〇〇
営業担当役員	商品を売る	高橋〇〇
広報担当役員	宣伝を行う	伊藤〇〇
監査役	会社をチェックする	渡辺〇〇

※すべてのチームメンバーが役割を持ってください。　※個人事業であればメンバーを記
　入しなくても結構です。できれば取引先・パートナー名を記入することをおすすめします。

マネジメント

あなたの事業に人を採用するとしたらどんな点を重視しますか？
またどんな人に仲間になってほしいと考えますか？

・ビジョンへの「共感」を強く感じる人であること
　⇒ビジョンに何か原体験があり、1次産業はもちろん6次産
　業モデルに対しても自分なりの見解を持っているとなおよい。
・地域住民との関わりを重視しているため、人とコミュニケー
　ションを取りながら事業を進めることに対して、得意でなくと
　も意欲を感じる人であること
・自分にはない分野で補完してくれる人
　⇒管理部門が苦手なので、経理・管理者など。

参　　考：2019年度　伊豆 起業体験プログラム参加チーム（高校生）
事業内容：伊豆の魅力が詰まったお茶漬けカフェを運営する

3

実践編

事業の概要と戦略を考える

ワークシート150〜151ページ

　次に、商品やサービスの内容に入ります。どのような事業を行っていくのか、事業の概要を、何を、誰に、どのように売るのかなど、より詳しく戦略を考えていきましょう。

　ここは、「成功の5ステップ・2 経営戦略を考える」（52ページ）と対応しています。

　ここはスーパーポジティブに、ワクワクして、実現できる可能性を信じて書いていくことがポイントです。

1.「どんなもの」を売るのか

・売るものは何か？

　何を売るか、書いてみましょう。売るもののイメージを、絵や写真を利用してわかりやすく表現するのもよいでしょう。

・売るものの「よいところ」や「工夫の方法」は？

　今考えている商品・サービスについて、具体的に書いていきましょう。どのような点が素晴らしいのか、ほかに負けていないところはどこか、お客さまに「これは買うべき！」と勧められるポイントはもちろん、「こうしたら買ってくれそう！」「ここにこだわることで買ってくれる人が増えるかも！」という工夫も書いてみましょう。

書き方例 「どんなもの」を売るのか？

売るものは何か？

・伊豆でつくられた食材を活かしたお茶漬けを販売する
・初めは地元のマルシェや祭りでの出店から始め、ゆくゆくは
お茶漬けカフェとして営業したい

※売るもののイメージ絵や写真を利用してわかりやすくすることもOK

3

実践編

売るものの「よいところ」や「工夫の方法」は？

・食材へのこだわり
　①抗酸化作用により美容効果のある「黒米」を使う
　　（黒米は修善寺で古くから栽培されているがその効果と美
　　味しさが知られていない）
　②「静岡といえば！」の「お茶」の中でもリラックスと冷えに
　　効くほうじ茶を使う
　③伊豆の農家さんがつくっている「野菜」、とくに形の悪い商
　　品を刻むことで商品として復活させる

・お椀、箸、急須を選べる楽しさとフォトジェニックさが女性
にウケること間違いなし！

参　考：2019年度　伊豆 起業体験プログラム参加チーム（高校生）
事業内容：伊豆の魅力が詰まったお茶漬けカフェを運営する

∷ 2. 誰が買ってくれるのか

・どんな「お客さま」をターゲットにしているのか？

「喜ばせたい！」と本気で思うのは誰か、まずその「事業を届けたい相手」を書いてみましょう。さらに、その対象を詳細にしましょう。

　ターゲットが観光客の場合、日本人なのか外国人なのか。そして欧米なのか、アジアなのか。団体なのか個人なのか。メインの国はどこなのかなど、どんどんセグメントからターゲットを絞っていきます。そうすると、お客さまの笑顔が見えてくるでしょう。

・なぜ、お客さまは買ってくれるのか？

　商品やサービスをお客さまが選んでくれるであろう理由や、どこが強みなのか、なぜその魅力に気づいてもらえるのかの理由を「〜だから」の形で書いてみましょう。

　選んでくれる理由は「人」のブランド力でしょうか？　それとも「地域」のブランド力でしょうか？

　ほかの商品・サービスには代えられない魅力とはなんなのか、今あるものを探し出してもいいですし、逆に「ここをこの商品の強みにしたい」という未来の話でも大丈夫です。

　書き方例を見ながら、自分の商品・サービスに置き換えて書いてみましょう。

書き方例 「誰が」買ってくれるのか？

どんな「お客さま」をターゲットにしているのか？
例：子ども・お兄さんやお姉さん・大人・お年寄り・家族連れ・カップル・老夫婦・シングル

・健康志向の高い 20 ～ 30 代の女性（会社勤めの女性など）
・高校生（特に女子）

なぜ、お客さまは買ってくれるのか？
お客さまが買ってくれると思う理由を具体的に説明

・健康志向の高い 20 ～ 30 代の女性（会社勤めの女性など）
⇒ランチに、「健康的で美味しく、食べるのに時間がかからない食事を摂りたい」と思うから。
・高校生（特に女子）
⇒休みの日に、友達と和を感じるフォトジェニックなランチを、手軽な値段で食べたいと思うから。

参　　考：2019 年度　伊豆 起業体験プログラム参加チーム（高校生）
事業内容：伊豆の魅力が詰まったお茶漬けカフェを運営する

9 事業計画ワークシート②

収支計画を立てる

ワークシート152〜157ページ

　ここは、「成功の5ステップ・5収支計画をしっかり立てる」（68ページ）と対応しています。

　商品・サービスの強みやターゲットがわかったら、次にどのようにお客さまに届けていくか、収支計画を立てていきます。

　ここでは、起承転結の4つに分けて、考えていきましょう。

　起業＝会社ではありません。まずは個人事業者として起業することをおすすめします。

　株式会社を設立するには、ある程度売上をあげないとメリットは少ないのです。目的は会社をつくることではなく、自分のしたい事業を行うことです。

:: 1.「起」：事業を興す（起こす）ために、資金計画を立てる

「収支計画」とは、売上をあげ、費用を支払い、利益を確保するための計画のことを指します。

　事業を起こすには、元手となるお金が必要です。そのため、「資金計画」を立て、いくら使えるお金があるのか、いくらのお金を用意できるのか洗い出します。会社であれば、これが資本金となります。

　銀行から借りたり、投資家から投資を受けたりすることも資金計画に入りますが、リスクを大きく取りすぎず、常に売上で

どう利益をプラスにするかを考えて計画することが大事です。

・自己資金（貯金）

・外部資金（株式発行・銀行等からの借入）

・公的資金（補助金・助成金）

・投資（投下資本）

　など、使える資金を洗い出してみましょう。

書き方例 「起」：資金計画を立てる

使える資金はどこから？　いくらある？
（貯金、預金、相続、タンス預金、証券売却、保険などを解約して得られるものなど）

　・高校生アイディアコンテストで獲得した賞金 10 万円

3

実
践
編

参　　考：2019 年度　伊豆 起業体験プログラム参加チーム（高校生）
事業内容：伊豆の魅力が詰まったお茶漬けカフェを運営する

:: 2.「承」：お客さまからいただく（承る）お金のことを考える（＝売上計画を立てる）

「使えるお金がいくらあるか」を計算したら、次は「自分の商品・サービスをいくらで何人に買ってもらうのか」を考えて「売上計画」を立てましょう。

　事業の醍醐味は何といっても、お客さまが喜んでお金を払いたいと思えるほどお客さまを幸せにすること。また、価格を自由に付けられるところも、自分で事業をしなければ得られない経験です。

　計算方法はいたってシンプルです。

「商品・サービスの単価」×「買ってほしい／利用してほしい人数」で出すことができます。

　まずはシートに、自分の商品・サービス名を書き込みます。メニューが複数ある場合は、自分で枠を足して、売る予定のメニューは全て書きます。

　次に、それぞれの商品・サービスの一つ一つの値段は「単価（商品の値段）」に、それをどれだけの人に売りたいのかを「数量（人数）」の欄に、そしてその合計は合計欄に書き込みます。

　安ければいいということはありません。ただし、高い価格にするのであれば、その価格にお客さまが満足するクオリティを持たせなければいけません。

　単価なら、「ほかの似た商品を売っている企業はいくらで売り出しているか？」「自分がお客さまなら自分の商品にいくら出したいか？」、数量なら「これをどれだけ多くの人に届けたいか？」「限られたニッチなターゲットに届くものか、それとも全国に幅広く売り出していくものか？」などを考え、自分もお客さまも納得のいく価格設定を考えましょう。

書き方例 「承」：売上計画を立てる

（平日1日の売上）／17日間

商品／サービス名	単価(円) (=商品の値段)		数量(人) (=人数)		合計(円) (=売上高)
お茶漬け	550	✕	25	=	13,750
ペットボトルの お茶	160	✕	10	=	1,600
※定休日：(水)			合計		15,350 円

（土日・休日の売上）／8日間

商品／サービス名	単価(円) (=商品の値段)		数量(人) (＝人数)		合計(円) (=売上高)
お茶漬け	550	✕	50	=	27,500
ペットボトルの お茶	160	✕	20	=	3,200
			合計		30,700 円

（月間売上）／25日間

平日	① 260,950
土日・休日	② 245,600
合計	506,550 円

①は平日の売上の合計　15,350円×17日間。

②は土日・休日の売上の合計　30,700円×8日間。

参　　考：2019年度　伊豆起業体験プログラム参加チーム（高校生）
事業内容：伊豆の魅力が詰まったお茶漬けカフェを運営する（一部数字を編集してブラッ
　　　　　シュアップしています）

3

実
践
編

地方でお店を営業する場合、平日と土日・休日では観光客の来客数が違います。103ページの例では、土日・休日を平日の２倍で想定しました。

また、雨の日はどうしても売上に影響しますし、年間でも繁忙期・閑散期があります。その都度、仕入れをどうするか、アルバイトさんにいつお願いするかなど、原価と人件費の変動費をコントロールする必要があります。これを店舗マネジメントと呼びます。

▐▌ 起業を考えている人のための資金計画・売上計画

実際に起業を考えている人向けに、より詳細な「起：資金計画」と「承：売上計画」を立てられる表をご紹介します。さきほどの「起」「承」のワークシートで書いたものと内容は少々重複しますが、改めて見直しながらベースにし、「得られるお金」をすべて把握しましょう。

＜最初に集めたお金＞
・創業者（自分）が用意したお金（自己資金）

自分で用意したお金がいくらなのか書き込みましょう。貯金をあてたり、起業する仲間同士で出し合ったり、車など持っている資産を売ってあてる人もいるでしょう。

たとえ１円でも自分でお金を用意することをおすすめします。周りの協力を得てお金を準備することは悪いことではありませんが、たとえ少額でも自分自身でリスクを取ることは、起業家自身の意識や事業に対する緊張感をいい意味で高めてくれます。

・投資家からのお金（投資）、銀行からのお金（融資）

　ほかの人、組織から託されるお金なので、どれだけ得られるかはあなた次第です。

　株式会社として起業する場合、投資家から出資を受ける場合は、いずれは事業を成功させ企業の価値を高めて、配当金として投資家に返していくことになりますし、株式を所有する割合によっては、株主となった投資家の意見を経営に大きく反映させることもあるでしょう。

　また、銀行から融資を受ける場合は返済の義務があるため、どうしてもいかに早く利益を出すか、継続的に利益を出し続けられるかに意識が集中しやすくなります。

　相性やビジネスの規模、事業計画の内容などをよく吟味して決めることが大事です。

＜事業活動で得るお金＞

・売上（商品・サービスを提供してお客さまから得るお金）

　さきほどの「承」のワークシートがこれにあたります。ここで出した金額をもとに書き込みましょう。

＜そのほかから得るお金＞

・補助金（国や行政からの支援金）

　国や都道府県、自治体が出しているものから民間企業や財団が出しているものまでたくさんあるので、「創業補助金」などで調べてみましょう。基本的に返済の必要がないので、融資を避けたい場合にも活用の価値があるといえます。

　機材を買ったり、店舗を改修したり、ユニフォームを買ったりと、初めはお金がかかりますから、各補助金の条件をよく確認し、自分のビジネスモデルに合うものを申請しましょう。

　中には使用用途が決められていたり、補助金の運営事務局が

3

実践編

視察に来たりなど、条件の定められているものもあるので、リサーチすることが大切です。

・賛同者から得られたお金（寄付金・クラウドファンディングや協賛金など）

　寄付金は個人、または法人（会社など）から贈られるものです。自由に使い道を設定できますし、同じミッション、ビジョンを描く相手から「託されたもの」と捉える「新しい投資の形」ともいわれています。ですが、寄付は打ち切られる場合もあるため、難しさもあります。寄付は返済の必要がなく、資金提供者に甘えてしまうことが多いからこそ、いつ何のために行うかをはっきりさせることが重要です。

　協賛金は寄付金と違い、多くの場合、法人（株式会社など）と契約を結んで行うビジネスです。お金を出す企業側は自社商品の広報や宣伝広告、人材採用などのために会社の予算を割き、あなたの事業に投資します。何かしら相手企業のビジネスに貢献できる場合でないと予算は通りません。起業したばかりでも、企業側があなたのビジネスに共感し、自分の会社にも利益をもたらすと判断して投資してくれる可能性はゼロではありません。

「成功の５ステップ・４ビジネスパートナーを見つける」（64ページ）で考えた企業に熱い思いがあったり、協賛先が見つかっていたりする場合は、そこからいくら得たいのか書いてみましょう。

(書き方例) 資金の流れ

種　類	詳　細	金額(円)
最初に集めた お金	創業者(自分)が用意したお金 (自己資金)	300,000
	投資家からのお金 (投資)	200,000
	銀行からのお金 (融資)	なし
資本金		**500,000**
事業活動で 得るお金	売上 (商品・サービスを提供して お客さまから得るお金)	6,078,600
そのほかから 得るお金	補助金 (国や行政からの支援金)	200,000
	賛同者から得られたお金 (寄附金・クラウドファンディング や協賛金など)	100,000
収　入　合　計		**6,378,600**

3
実践編

※「承」(103ページ)の月間売上(25日間)をもとに年間売上を算出。506,550円×12ヶ月。
参　　考：2019年度　伊豆 起業体験プログラム参加チーム（高校生）
事業内容：伊豆の魅力が詰まったお茶漬けカフェを運営する（一部数字を編集してブラ
　　　　　シュアップしています）

3.「転」（1）：商品をつくるのにかかる費用計画を立てる

　さきほどまでは得られるお金を考えました。次に、「使うお金」＝費用のことを考えましょう。コストともいいます。費用には、原価、販売費、販売管理費があります。

　まずは、「原価」を計算します。原価とは、商品をつくるにあたって費用な材料を仕入れる時の価格です。103ページで商品の内容を考えましたので、それに沿って書いていきましょう。

・材料名

　飲食店なら食材や鍋、調味料、サービス業なら椅子などの備品や文房具などの消耗品などを材料名に書いてみましょう。

・一人分に必要な分量

　商品やサービスを一人分用意するのにどれくらいの材料が必要なのかを調べて、書いてみましょう。

・一人分の値段

　商品やサービスを一人分用意するのにどれくらいの費用がかかるか、書いてみましょう。

・用意する数量

　用意する人数分の数量を書いてみましょう。

・用意する分量

　（一人分に必要な分量）×（用意する数量）を計算し、どれだけの量の材料や備品が必要か出してみましょう。

・かかる費用

（一人分の値段）×（用意する数量）を計算し、最終的に商品
をお客さまの人数分、用意した時にかかる費用を書きましょう。

書き方例 「転」(1)：商品をつくるのにかかる費用計画を立てる
(1週間分の仕入れ平均)

材料名		一人分に必要な分量(g)	一人分の値段(円)	用意する数量(人分)	用意する分量(g)	かかる費用(円)
お茶漬け	白米	150	30	150	22,500	4,500
	黒米	25	10	150	3,750	1,500
	オリーブオイル	2.25	0.27	150	337.5	40.5
	潮カツオ	7	46	150	1,050	6,900
	人参	4.42	1.5	150	663	225
	カイワレ大根	3	3.6	150	450	540
	梅	10	23	150	1,500	3,450
	わさび	1	0.4	150	150	60
	昆布	1	6	150	150	900
	ほうじ茶	2	5	150	300	750
	塩昆布	1	2.78	150	150	417
お茶	ドリンク販売のお茶	500ml	83	100	50,000ml	8,300
合計(円) (=原価) ※消費税込み ※値段のため、四捨五入		—	—	—	27,583

参　　考：2019年度　伊豆 起業体験プログラム参加チーム（高校生）
事業内容：伊豆の魅力が詰まったお茶漬けカフェを運営する

3

実践編

3.「転」（2）：開業前にかかる費用計画を立てる

　次に、「販売費」を計算してみましょう。

　「販売費」とは、実際に商品やサービスを販売するうえでかかる原価以外のお金です。

　事業を行うには、商品そのものを用意するためのお金だけでなく、店の装飾に使う品や、お客さまを呼び込むためのチラシなどの広告宣伝費などがかかります。また、ネットで小売を行うのであれば、サイト側に支払う販売手数料など、商品には直接関係ないけれど販売にかかるお金はすべて販売費になります。

書き方例 「転」(2):開業前にかかる費用計画を立てる

○ 売れるために「必要なモノ」は?

必要なモノの 名前	必要なモノの量 (個、本、袋)①	値段(円) ②	必要なお金(円) ①×②
どんぶり	200 個	1個あたり 100	20,000
レンゲ、はし など	200 個	1セットあたり 200	40,000
手袋	50 箱	400	20,000
ゴミ袋	50 袋	1,000	50,000
ユニフォーム	10 着	2,000	20,000
		合　計 (=販売費)	150,000　円

※実際に店舗経営をする場合は注文を取るための文房具や消毒液などの衛生用品、テーブルクロスやお手拭きなども必要になります。

参　　考：2019 年度　伊豆起業体験プログラム参加チーム（高校生）
事業内容：伊豆の魅力が詰まったお茶漬けカフェを運営する（一部数字を編集してブラッシュアップしています）

3
実践編

∷ 3.「転」(3):事業をまわすのにかかる費用計画を立てる

　さきほど計算した原価と販売費は部分的な「消耗品費」です。そのため、実際にすでに起業を考えているなら、さらに「販売管理費」も知ることが大切です。

　販売管理費とは、商品をつくって売る以外の部分で、会社の経営においてかかってくる費用のことをいいます。

　人件費のほか、パソコンなどを買うお金（減価償却費といいます）、事務所の家賃などは商品を売れようが売れまいが、かかってしまう費用のため、きちんと費用計画に組み込むことを忘れないようにしましょう。

　店舗の家賃や光熱費、ネット代などの固定費は毎月変わらず支払っていかなければならないものなので、いかに固定費を抑えるかがカギとなります。

　原価と販売費のほか、販売管理費を計算することで費用の全貌が見えますので、どちらも記入することをおすすめします。

「転」（1）（2）（3）の合計が「コスト」です。

　費用計画を立てることで、どの費用を抑えるべきか、どこに費用をかけてもよいのかが、考えやすくなります。

書き方例 「転」(3):事業をまわすのにかかる費用計画を立てる

(年間)

科目	詳　細	予　算		
		単価(円)	回数	小計(円)
給与	スタッフ(社員) アルバイト月5万円×人	250,000 50,000	12 12	3,000,000 600,000
交通費	スタッフ・アルバイト	5,000	12	60,000
販売費	チラシ	5,000	6	30,000
販　売 手数料	クレジットカード 手数料	2,000	12	24,000
リース 費	厨房機器 (冷蔵庫、オーブン、 ガス台)	100,000	1	100,000
賃貸料	店舗家賃	40,000	12	480,000
水　道 光熱費	水道代・電気代・ ガス代	30,000	12	360,000
支 出 合 計 ※消費税込み ※人件費には福利厚生込み			4,654,000	円

参　　考:2019年度　伊豆 起業体験プログラム参加チーム（高校生）
事業内容:伊豆の魅力が詰まったお茶漬けカフェを運営する（一部数字を編集してブラッシュアップしています）

4.「結」：最後に（結びに）利益計画を立てる

　最後に、今の収支計算でどれだけのお金が残るか、「利益」を計算します。

　損益計算書でも最後に出すのは利益です。

　利益は、「売上高とそのほか収益（得たお金）－費用（使ったお金）」で出すことができます。

「承」で出した売上高の合計金額と、「転」（1）（2）（3）の合計を足した合計金額を、計算式に入れてみてください。

　そのうえで、まずは利益がマイナスにならないよう、費用を抑え、売上高をより大きくできないか検討してみましょう。

・本当にその売上高で十分か
・ほかの類似商品の販売価格はいくらか
・もう少し一つあたりの値段を上げることは可能か
・多くの人に買ってもらえるような施策はないか
・商品を一つつくるのに、お金をかけすぎていないか
・サービスを届ける費用をもう少し安くできないか

　もちろん利益は大きくしていきたいですが、それだけでは不十分です。これは、事業に対して物事の優先順位をどう考えているのかを、はっきりさせるためのワークでもあります。

　利益はもちろん追求するとして、自分が大事にしたいクオリティやコンセプトを保ちながら、どの部分であれば削ってもよいか、自分に聞いてみましょう。

　お客さまに喜んでもらえて、自分も満足できる生活ができ、次のビジネスにもつながる商品・サービスを追求できるような、売上・費用・利益のもっともよいバランスを模索していきましょう。

このワークは、一度つくって終わりではありません。毎月お金はかかりますし、商品を売れば、売上高も毎月変わります。そのバランスを保ちながら、人件費など必要なお金を確保し、商品の質も高めていくわけですから、収支計画のワークシートは初めから最後まで常に見直しながら、よりよいお金の動かし方を考えていきましょう。

書き方例 「結」：利益計画を立てる

①「承」（107ページ）の事業活動で得られるお金（売上高）が6,078,600円、そのほかから得られるお金（そのほか収益）が300,000円の合計（全体の収益）となり、6,378,600円となります。

②「転」(1)（109ページ）の原価（食材）1,434,316円（1週間分の仕入れ平均から1年分を算出。27,583円×52週）、「転」(2)（111ページ）のそのほかの費用（食器など）150,000円、「転」(3)（113ページ）の販売管理費4,654,000円の合計が6,238,316円、これを差し引いた金額が③営業利益140,284円となります。

　商売において重要なことは、きちんと納税することです。そのほか営業外損益を引いて経常利益から法人税や事業税を差し引いたものが最終利益となり、株式会社であれば株主へ配当金と次年度の備えとして内部留保します。これで決算をむかえることができます。

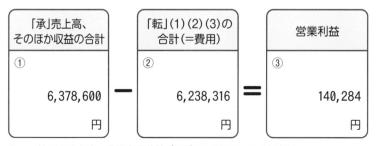

参　考：2019年度　伊豆 起業体験プログラム参加チーム（高校生）
事業内容：伊豆の魅力が詰まったお茶漬けカフェを運営する（一部数字を編集してブラッシュアップしています）

10 事業計画ワークシート③

リスクマネジメントを考える

ワークシート158ページ

最後に考えるべきなのが、リスクマネジメントです。

事業はいつも順風満帆に行くとは限りません。大地震が起こるかもしれないし、外で販売していたら雨が降ってくるかもしれないし、思ったよりお客さまには喜んでもらえず売上が落ちるかもしれない。また、予想外のハプニングで店舗の修繕費や賠償金などが必要になるかもしれません。そんな時でも、かかるコスト、販売管理費はどうしても支払わなければなりません。

そこで、最後の最後に、厳しいことも考えていただきたいのです。

事業において大事なのは、「最高のシナリオ、普通のシナリオ、最悪のシナリオ」の3つのシナリオを考えることですが、ここで考えるのは最悪のシナリオです。

ここまでのワークシートは、ワクワクして、実現できる可能性を信じて書くことが大切でした。

しかしここでは、考えたくないことまで考えることです。

・予想の10%しか商品が売れなかったら？

・（屋外での出店を考えている場合）気候によって店舗が出せなくなったら？

・もし取引先の会社が倒産してしまったら？　など

気になることがあったら、今のうちにできる対策をできるようにしておきましょう。

　リスクを事前に考えることは、もしもの時にも役立ちます。

　これで、事業計画ワークシートの完成です。
　事業計画ワークシートを書くことは、起業の第一歩です。事前に事業計画を作成しておくことで、その事業が計画通りに進めば、そのまま進もうと決めることができますし、もし計画通りに行かなかった場合は新たな手を打つこともできます。

書き方例 　ビジネスをするうえでのリスクと対応策

考えられるリスク	リスクへの対応策
気温が高く、熱いものが売れづらい可能性	当日の気温によって温／冷を変えられるよう、保温・保冷機能のあるポットと、お茶を冷やせるようクーラーボックスを準備する。
売れ残りの可能性	トッピングの人参を具材としてだけでなく、ホットプレートで調理し味付けをして、パリパリおやつとしても販売し在庫を減らす。
売れ残りの可能性	販売時間の30分前から半額にしてセールに。半額なら原価を下回ることなく少しだが利益となる。

参　　考：2019年度　伊豆 起業体験プログラム参加チーム（高校生）
事業内容：伊豆の魅力が詰まったお茶漬けカフェを運営する

3

実践編

11 情熱を持って楽しく できる事業を考えよう

⠿ 今一度、ステップ①に立ち返ろう

　ここまで、「成功の5ステップ」でお話しした内容をもとにワークシートを記入しながら実際にビジネスプランを練り、具体的にイメージを膨らませてきました。

　収支計算やリスクについて考えるむずかしさや、本当に達成できるかわからない売上目標や、うまくいかなかった時の想像によって、不安を感じた人もいるかもしれません。

　そんな人は、もう一度ステップ①の「自分と向き合い、本当にしたい事業を考える」のワークに戻ってみてください。

　ステップ①の「自分と向き合い、本当にしたい事業を考える」で書いてもらったのは、皆さん自身が人生の中で感じてきた課題や、喜ばしい出来事をもとに想像を膨らませた、社会と人々を笑顔にする大事なアイデアです。

　ワークシートを書くにあたって、一生懸命に調べ、考えた社会のこと、仲間のこと、具体的な事業内容、そして、お金のことは、全てあなた自身の心の中にあるビジョンとミッションを、人生の貴重な時間を割いて形にしていくために不可欠なものです。

⠿「絶対に成し遂げたい！」という情熱が大切

　何を成し遂げたいのか、誰に何を届けたいのかという根幹にある想いを見つめ直しましょう。

　これだけは、事業を行うにあたって忘れてはならないことです。
定期的に見直して、忘れないようにしましょう。

　事業を進めていく中で、「社会的にインパクトのあることを
しなきゃ！」と規模をむやみに大きくしてしまったり、売上だ
けに気を取られてしまったり、はたまた「これって何のために
やるんだっけ」と方向性を見失いそうになったりしそうな時が
出てくるかもしれません。

　そんな時は、ステップ①のワークに戻り、「自分の考えるミッ
ション・ビジョン・バリューは本当に自分の心が望んでいるこ
とだろうか？」と、自分自身に問うてみることです。

　そのうえで、作成したワークシートを順番に見返し、「よし、
これだ！」と思えるならば、多少挑戦的な内容でも実行してみ
ましょう。

3

実践編

　起業は、あなた自身がほかの誰よりも「これがやりたいん
だ！」「絶対に成し遂げたいんだ！」と信じられることをしな
ければ意味がありません。

　楽しめないことに貴重な時間とお金を投下するのはもったい
ないことです。やりたいことでなければ、情熱を持てなければ、
やらなくっていいのです。

　未来のことは未来に考えればいいのです。

株式会社 KURABITO STAY

代表取締役 田澤 麻里香 さん

市民主体で魅力を発信するヨーロッパの観光に魅せられて

　車で移動しないと自動販売機もないような長野県小諸市の山の中で生まれ育った私は、とにかく地元を出て広い世界を知りたいという思いで、学生時代にバックパッカーとしてヨーロッパを旅しました。

　そこで、「伝統と現代を融合する力」、そして「長所を見つけて磨き上げる力」に驚きました。当たり前のように市民の人たちが地元の歴史や文化を理解していて、力を合わせて文化を守っている。さらにそれを「現代にどう残すか」を考えている。街のよいところはもちろん、個々人が「今自分が持っている魅力」もよくわかっていて、そのよいところを全力で磨き、より美しく見せることで、街も人も、世界中の人たちを魅了し続けている。自分の育った街もヨーロッパで見た街も、同じくらい田舎なのに、ヨーロッパの人たちは街を愛し、自分たちで整備して、魅力を伝えてたくさんの人を呼び込んでいる。

　その気づきが原体験となり、「旅を通して多くの人にこの生き方を知ってほしい」と、大学卒業後は旅行会社に勤めました。

外国人観光客が対象の
体験プランを用意している

紆余曲折を経てたどり着いた
起業という一つの答え

　その後、私は結婚・出産で地元小諸に帰ることとなります。約
10年ぶりに見た故郷では「移住者」の方たちが、地元住民が気
づかなかった魅力を見つけ、それをビジネスにしていました。

　そんな姿を目の当たりにしたことで、地元のことを改めて見つ
め直した私は、かつて見たヨーロッパのように「地域のよいとこ
ろを見つけ出して伸ばす」観光のあり方を模索できないかと考え、
2〜3年かけて地元の観光に携わることとなりました。

　その中で、橘倉酒造の専務・井出平さんと出会います。小諸
市を含む佐久エリアには古くから続く日本酒の酒蔵が13
あり、その伝統を守り続けていること、酒蔵の魅力を知りました。
そして私は、「酒蔵」という財産を活かして世界中の「SAKE」ファ
ンを呼ぶことができる地域づくりを考えたのです。

蔵人体験を通して、百年後も誇れる故郷を守り伝える

　現在は、「株式会社 KURABITO STAY」を設立し、橘倉酒造の
離れにある古民家を改修して宿泊施設にして主に外国人観光客の
方を対象とした「蔵人体験」ができるツアーや体験プログラムを
提供しています。観光客の方であっても一人の「蔵人」として誇

りを持てる、佐久の
魅力を存分に味わっ
てもらえる、そんな
プランをつくってい
るところです。

　会社設立の際、時間をかけたのはロゴイメージの作成で
す。ロゴイメージは会社の顔であり、そこに私たちの思想
が全て詰まっています。お客さまに感じてほしい佐久エリ
アの「人」の魅力や、サービスの主軸である「蔵人」「酒
蔵」のイメージがロゴだけでもはっきりと伝わってくるよ
うに、試行錯誤を繰り返して完成させました。

洗練されたロゴデザインはお客さまの期待値を高める
ためだけではなく、実際のサービスのクオリティが
伴っていなくて満足度が下がった……ということのないよ
うに、運営する私たち自身の背筋も伸ばしてくれました。

　ほかにも、子どものいるお母さんたちにも働いていただ
いているのですが、勤務日をあえて土日にして、知り合い
にお子さんを見てもらいながら仕事ができる環境を整える
など、女性のセカンドキャリアの面でも、先頭を切ってい
ます。

「ありがとう」が人も未来も紡いでいく

　これから起業する若い方々に何よりも伝えたいのは、感

謝の気持ちを持つことです。

私自身、若い頃は強気で、「謙虚さがない！」とよくいわれましたし、実際その通りだったと思います。その性格も味わい深い経験をもたらしてくれましたが、今になって「ありがとう」という言葉がいかに運を引き寄せてくれるかを実感しています。

　10〜20代のころは「自分で何でもやらなきゃ！」と思っていて、任された仕事に全力で取り組み結果を出そうと奮闘していましたが、失敗と成功をくり返す中で、人間は1人では生きていけないことを知りました。できることはできるし、できないことはできない。迷惑をかけないなんてことはそもそも無理なんだと気づいて周りを頼れるようになってから、不思議と人脈も広がり、助け合うからこそ、できることの幅も徐々に広がってきたのを感じます。

起業する人の中には、チームではなく一人で事業をつくる人もいると思います。やるべきことが多く、中には苦手な仕事もあるでしょう。そんな時、できないことは潔くあきらめ、手伝ってくれる人を頼ること、そしてありのままの自分のよさを活かせる仕事の仕方をぜひ見つけてほしいと思います。

　それでも自分のちっぽけさに悩む時やうまくいかない時は、目の前の問題から一度目を離し、もっと遠くにある「目指したいゴール」を思い描くことが大切です。

　勝って驕らず、負けて腐らず。

　助けてもらう時には心からの「ありがとう」を伝えて、少しずつ描いた未来に向かっていってほしいと思います。

第4部

行動編

1

スケジュールを逆算して目標に近づこう

●● 自己管理が目標達成のカギ

ビジネスプラン、事業計画が決まったら、いよいよ起業に向けて準備を行います。

まずは、スケジュールの作成です。

起業するにあたり、年単位の長期のスケジュール、月単位の短期のスケジュールを立てることはとても重要です。

私は現在、公益社団法人ジャパンチャレンジャープロジェクトの代表理事として全国を飛び回り、地方創生事業のセミナー講師やイベントをプロデュースしています。また、大手飲食事業の副社長をはじめ、数社の顧問、総務省や自治体のアドバイザー、ソーシャルビジネスの講師などの仕事もしています。

プライベートでは、ロックミュージシャンとしてインディーズデビューし、ライブを行っています。さらには、大好きな八ヶ岳をはじめ年間20回以上登山をするなど、人生を満喫しています。私のような異なる仕事や活動を同時に行う働き方をポートフォリオ・ワーカーと呼ぶそうです。

周囲からは、どうしてそんなにいろいろなことができるのかと不思議がられますが、理由は大きく二つあります。

一つは、会社員生活に終止符を打ち、公益社団法人を起業したことで仕事に対して自由に目標やスケジュールを立てられるようになったこと。もう一つは、長年愛用している手帳のおかげです。

　起業のメリットの一つに、自由を手に入れられることが挙げられます。私は、起業したことによって自宅で仕事をするようになりました。そのため、仕事と余暇や私生活の境界が曖昧になったのを感じます。私にとってはこの曖昧さがとても心地よく、自由が人生をさらに豊かにしてくれました。

　しかし、自由を手に入れた分、その自由をコントロールする自己管理が重要になります。

　それを実現するツールが、手帳なのです。

　これは、ワタミの渡邉美樹会長が提唱する『夢に日付を！【新版】夢をかなえる手帳術』（あさ出版）に詳しく掲載されています。ご参照ください。

　私は常に、革製カバーの手帳を持ち歩いています。

　この手帳によって、目の前の時間を上手に使うことができるだけでなく、１年先、５年先といった中長期的な未来もうまく調整できるため、先ほど述べたような「いろいろなこと」ができるのです。

マンスリー型の手帳を活用しよう

　起業人として必要なスケジューリングの方法として、私が実践している手帳の使い方を、ここからお話ししていきます。

　用意するのは、見開きで１ヶ月の予定が書き込めるいわゆる「マンスリー型」の手帳で構いません。

　長期計画については、このあとに紹介する「５ Year Planning ワークシート」（160 ページ）をコピーするなどして、ぜひ毎年使っていただければと思います。

　ちなみに、携帯電話の手帳機能やスケジュールアプリでも構いません。ただ、アナログのほうが自分で文字を記すため頭に入りますし、個性が出たり愛着が持てるので、おすすめです。

4

行動編

5Year Planning で 長期的なビジョンを持とう

ワークシート160ページ

●●「人生をどう生きるか」を考える

　まずは、直近のスケジュールではなく、今年を含め5年分の
プラン「5Year Planning」を立てることから始めましょう。

　仕事をすることは生きることと切り離すことはできません。
そのため、スケジュールを立てるときは、仕事とプライベート
の両面で立てる必要があります。

　「どう仕事をするか」ということと同じくらい、「人生をどう
生きるか」を考えることも重要なのです。

　経営資源は、「ヒト」「モノ」「カネ」の3つです。企業は、
それぞれについて戦略を立てます。今回はそれに合わせて、人
生もこの3つを柱にして考えましょう。

＜ヒト＞

　ヒトは、家族（両親や配偶者、子ども）と友人（恋人・ビジ
ネスパートナー、同僚）に分けます。彼らと、どんな関係性で
いたいか、誰とどんな体験をしたいかを書き出します。

　地方での起業スケジュールについては、地域活動の状況につ
いても書き出しましょう。自分も「ヒト」ですから、健康につ
いても理想を書きましょう。

＜モノ＞

モノは、趣味、学習、仕事に分けます。欲しいもの、買いたいもの、導入したいツールなどを書きましょう。

＜カネ＞

カネは、財産のことです。事業の売上目標や給与の目標はもちろん、貯蓄の目標やローン、そのほか、書籍代、学費などの学びに付随するお金なども書きましょう。

◦◦ ワクワクした気持ちで書き込む

1年後でも5年後でも、自分がしたいコト、購入したいモノを好きな時期に順番に記入します。

例えば、「3年後にバイクを購入する！」という目標を初めに書いたとします。この時、貯金が必要になりますので財産と連動しますし、またバイクで旅行にも行けますから、趣味とも連動します。このように、まず自分のしたい・欲しいコトとモノを入れていくと、それと関係する欄に書けることが出てきて、なんだかワクワクしてくるはずです。

また、いちばん下の行には、その年に社会がどうなっているか、社会がどのように動いているか、＜経済・社会の動き＞を予想して書いてみましょう。

詳しくなくていいですが、これを書くと、自分を取り巻く環境にも目が行き、自分が1年後、3年後、5年後にどんな様子になっているかイメージしやすくなります。

あなた自身の人生ですので、あなた自身がまずワクワクして思い描ける部分から、書いていきましょう。

4

行動編

書き方例 5Year Planning ワークシート（地域おこし

年（西暦）	2020 年	2021 年	
自分自身（年齢）	25 歳	26 歳	
家族・友人 （ヒト）	・年 3 回実家へ ・両親を当地へ招待 　（家族旅行をする）	・恋人と年 2 回旅行 ・友人と旅行 ・年 3 回実家へ	
地域活動 （ヒト）	夏祭り参加	夏祭り主体的に参加	
健康 （ヒト）	・体重を 2 kg 減量し、 　70kg へ ・睡眠 7 時間確保 ・毎日 1 万歩歩く	・70kg キープ、健康診 　断受診 ・献血 2 回 ・睡眠 7 時間確保 ・毎日 1 万歩歩く	
趣味 （モノ）	登山年間10回	・登山年間10回 ・オリンピック 　テニス観戦	
学習 （モノ）	・地域起業家の本を 　読む ・ジャパンチャレン 　ジャーセミナー参加	・飲食関係の本を学ぶ ・ジャパンチャレン 　ジャーセミナー参加	
仕事 （モノ）	地域おこし協力隊 1 年目➡食の 6 次業モ デルに関わる。行政 や地域から信頼され る人物になる	地域おこし協力隊 2 年目➡6 次産業モデ ルの商品化、実現へ	
財産 （カネ）	毎月 3 万円貯金 （年間36万円）	毎月 3 万円貯金 （累計72万円）	
経済・社会の動き （自分のアンテナ）	コロナショック	東京オリンピック 開催	

協力隊員のケース）

2022 年	2023 年	2024 年
27 歳	28 歳	29 歳
・恋人と年2回旅行 ・友人と旅行 ・年3回実家へ	・恋人と年2回旅行 ・友人と旅行 ・年3回実家へ	結婚。新婚旅行は イタリアへ
夏祭り実行委員	夏祭り実行委員	夏祭り実行委員
・70kg キープ、健康診断受診 ・献血2回 ・睡眠7時間確保 ・毎日1万歩歩く	・70kg キープ、健康診断受診 ・献血2回 ・睡眠7時間確保 ・毎日1万歩歩く	・70kg キープ、健康診断受診 ・献血2回 ・睡眠7時間確保 ・毎日1万歩歩く
登山年間10回	・登山年間10回 ・バイク購入 ・ツーリング10回	・登山年間10回 ・ツーリング10回
・経営の本を学ぶ ・JAPAN CHALLENGER AWARD 発表	飲食関係のセミナー 年2回受講	飲食関係のセミナー 年2回受講
地域おこし協力隊3年目➡6次産業モデル商品が売上100万円になる。ふるさと納税の商品に選定される	起業する(農家レストラン) ・売上 600 万円 ・利益 20 万円	農家レストラン2期目 ・売上800万円 ・利益100万円
毎月3万円貯金 （累計108万円）	毎月貯金3万円継続。貯金100万円と起業支援制度100万円で個人事業者として起業	貯金を使い資本金100万円で会社化へ
自動車道開通	施設開業	国民体育大会開催

4

行動編

3

マンスリースケジュールは記念日から書き込む

■■ 1年間のスケジュールを把握する

　長期的なイメージは「5 Year Planning」で立てますが、遠いイメージだけでは、日々の自分の細かいスケジュールをどう工夫をしたらいいか、わかりづらいでしょう。

　細かいスケジュールは、お持ちの手帳のマンスリースケジュール（月ごとのカレンダーページ）を使って計画を立てます。

　起業とは自由を手に入れることだと、先ほどお話ししましたが、自由を管理することで、人生がワクワクしだします。

　ここでは、135ページの書き方例をみながら、マンスリー型の手帳にスケジュールを書き込んでいきましょう。

　急ぎの仕事に追われず、プライベートも含めて自分の人生に最もよい形で時間を使うには、マンスリースケジュールをめくりながら、1年間で最もワクワクする日、自分が大事にしたい日を、まずは書き込んでしまうことです。

　例えば、ワクワクする日、自分が大事にしたい日には、仕事の大きなイベントの日、誕生日（自分、家族、知人・友人）、恋人との記念日、旅行などがあります。

　とくに、次の三つは、意識して書いてみるといいでしょう。
「勝負日（絶対にキメたい日）」
「ルーティーン（スパンを必ず決めて取り組む運動や勉強）」

「記念日（大切に過ごしたい日）」

　そうしたワクワクする日、自分にとって大事な日を、最初にスケジュールに入れてしまいます。ワクワクすることから書くのは、「5 Year Planning」と同じですね。その際、鮮明にイメージします。

　例えば、趣味が登山ならば、何月にどの山を登山するか、誰と行きたいかも考えてスケジュールに落とし込んでみましょう。すると、本当にワクワクして、とても楽しい気分になります。

　それだけワクワクすることであれば、その日に仕事を入れなくていいように仕事も綿密に計画できますし、仕事における大事な日を書いた場合も、どんなふうにその日を迎えたいかイメージすることで、それまでの何ヶ月かをどう過ごすべきか自ずとわかります。

　また、イメージしているうちに、先ほど「5 Year Planning」でうまく書けなかった目標も、書けるようになってくるかもしれません。

　よくないのは、いつも仕事に追われて、優先順位が立てられず、目の前の仕事をこなしパニックになる状態です。

　スケジュールを決めずに、日々なすがままに仕事をしているとこうなってしまいます。挙げ句の果てには、締め切りの迫った仕事やクレーム処理、トラブル処理、事故など、予想外のことに体力を奪われてしまいます。これらに追われていると、疲れるだけでなく、気持ちも落ち込んでしまいます。

　そうならないためにも、初めに1年の内で固定された重要な日をきちんと知ることです。

　定期的に経営の中長期の計画を考える時間を決めるのもいいでしょう。「第一週の水曜日は経営に向かう時間にする」など。ほかにも、経理処理が行われる月末には必ず時間をつくるなど、

4

行
動
編

自分がすべきルーティーンを意識して、スケジュールに入れていきます。

:::: 優先順位を明確にする

　起業して自由を手に入れても、重要人物との予定が突然入ることもあります。

　ですが、今立てているスケジュールは、あなた自身が優先順位を考えて1年分、真剣に立てるものですから、最重要な予定と捉えていいのです。

　たとえ仕事上の重要人物だろうと、すでに自分が予定を入れていたら、「家族の誕生日なのでこの日はスケジュールが動かせない」と堂々といっていいのです。

　そこで「君は仕事より家族を優先するのか……」なんて皮肉をいわれたとしても、気にする必要はありません。あなたと価値観を共有できない人は、中長期で見れば、付き合わなくてもいい人物だと思う潔さが大事です。

　仕事も大事、家族も大事。この価値観を共有する人たちこそ、あなたが付き合うべき人たちなのです。

　また、週末と月末に必ず時間をとることをおすすめします。自分の振り返りのためです。次週、次月の作戦を立てるためでもあります。

　振り返りでは、反省と決着できなかった案件について次週に転記する作業をします。この繰り返しです。ポイントは、次週のスケジュールを先に先に立てること。これはデイリーでもそうです。行き当たりでばったりではダメなのです。

　私は来週の仕事の予定はイメージしたら、すでに仕事は終わっている感覚になります。先手必勝で動くことが大切です。

書き方例 マンスリースケジュール

赤：勝負の日（仕事・大事なこと）、黒：ルーティン（周期的にやること）などのように、目的別に色分けする。

12 DECEMBER 2021

Mon	Tue	Wed	Thu	Fri	Sat	Sun
		1 赤口 ジム	2 先勝 商品の 試食会	3 友引 会議 食事会	4 大安 読書	5 赤口 ○○山 登山
6 先勝	7 友引 調査	8 先負 ジム	9 仏滅 事業計画 修正版を 完成させ る	10 大安	11 赤口 姉の誕生日 2人で旅行 →	12 先勝
13 友引	14 先負 調査	15 仏滅 ジム	16 大安 勉強会	17 赤口 会議 食事会	18 先勝 年賀状 書く	19 友引 ジョギング 買い物
20 先負	21 仏滅 調査	22 大安 冬至 ジム	23 赤口	24 先勝 クリスマスイブ デート！	25 友引 クリスマス デート！	26 先勝 ジョギング
27 仏滅 帰省 ———————→	28 大安	29 赤口	30 先勝	31 友引 大晦日		

	11						1 2022					
M	T	W	T	F	S	S	M	T	W	T	F	S S
1	2	3	4	5	6	7						1 2
8	9	10	11	12	13	14	3	4	5	6	7	8 9
15	16	17	18	19	20	21	10	11	12	13	14	15 16
22	23	24	25	26	27	28	17	18	19	20	21	22 23
29	30						24	25	26	27	28	29 30
							31					

4

行動編

4列スケジュールで
人生と仕事を融合しよう

⠿ 1ヶ月のスケジュールをデザインする

　次に、1ヶ月の時間の使い方についてお話ししましょう。

　ここで活用してほしいのが、垂直方向に4つに分かれたシートです（バーチカルといいます）。ステーショナリーショップでも販売していますし、Excel で作成してもよいでしょう。

　4つの欄は、仕事やプライベートで分けてもいいですし、自分と家族で分けてもいいですし、仕事の部門ごとに書いてもいいという、とても自由な欄です。

　まずは、マンスリースケジュールで書いた大事な記念日を、ここにも記入します。そして、1ヶ月、仕事やプライベートでそれぞれ何を行う予定なのか、細かく書いていきます。

　書いてみると、意外にも仕事とプライベートの大事な時期が被っていたり、同時進行で行わなければいけないプロジェクトがあったり、勝負日は離れていても準備期間が被っていたりと、さまざまな気づきがあるはずです。

　この気づきをもとに、もっとも自分の力が発揮できて効率のいい1ヶ月をデザインしてみましょう。日々、その日のタスクだけを確認して消化していくのはよくありません。ここに書いた1ヶ月の見通しを常に持ちながら、日々のスケジュールをデザインするのがいいでしょう。

　書いたら、このスケジュール感が自分にフィットしているか、「5 Year Planning」の計画に近づけそうか、吟味しましょう。

（ 書き方例 ） バーチカルページ

※レイメイ藤井 2021 システムノートリフィルマンスリーブロック
　4プランリストを使用

DAY		全体	商品開発	経理	プライベート
1	Wed				
2	Thu	事業計画打ち合わせ	商品の試食会		
3	Fri	事業計画修正開始／会議	参加お礼メール		食事会
4	Sat		試食会報告書完成		△△本読む
5	Sun				登山
6	Mon		厨房設備確認	税理士さん打ち合わせ	
7	Tue		商品開発再開／○○調査		
8	Wed			経費精算書作成	
9	Thu	事業計画修正完了			
10	Fri	会議資料作成			
11	Sat				姉と旅行
12	Sun				
13	Mon				
14	Tue		△△調査		
15	Wed		レシピ再構築		
16	Thu	勉強会			
17	Fri	会議			食事会
18	Sat				年賀状書く
19	Sun				ジョギング／買い物
20	Mon	KPI確認・目標設定			
21	Tue		××調査		
22	Wed				
23	Thu				
24	Fri				デート！
25	Sat				デート！
26	Sun				ジョギング
27	Mon				帰省
28	Tue				
29	Wed				
30	Thu				
31	Fri				

4

行動編

12

5

1日の時間の使い方を
工夫しよう

空白の時間を有効活用する

最後に、1日の時間の使い方について、お話しします。

その日のスケジュールをなるべく具体的に記入します。そして今日必ず決着をつけることをメモし、決着できれば赤で消し、決着できなければまたデイリーにいつ決着させるか転記します。仕事はこの繰り返しです。

皆さんは、こんなことを聞いたことはありませんか？ 1日に無駄な時間を4分削ると、1年間で1日分の時間が余ると。

皆さんの生活の中には、何もしていない時間や何も考えていない時間、意図せずに生まれてしまった時間があるはずです。起業家はこの空白の時間をどう活用するかが大切です。リラックスするなという意味ではありません。まとめられる時間はまとめ、自分の事業や幸せを感じることに使おうということです。

時間の使い方を吟味する

時間を上手に使うためには自己決定力が欠かせません。

例えば、移動時間。新幹線に乗るとき、なんとなく乗るのではなく、この2時間で何の仕事をするか決めてしまいます。

私の場合は、「企画書をつくる」「読書をする」、朝が早いようであれば、「睡眠時間7時間を確保するために寝る」と決めることもあります。自分で決めて、達成に向かう。起業家は、

これが大事です。移動に車を使う場合は、ドライブ気分で歌の練習をしたり、曲をつくったりもします。

　私は人と関わる時間にも無駄がないか意識しています。30分のアポイントでも、「ああ、この人と一緒に仕事ができないなあ」と思ったら、途中でフェードアウトします。

　また、私は共感する相手には名刺交換だけで終わらず、その後にメールや手紙を出して心をつなぐようにしています。

　大事な人、価値観が同じ人、心をともにして仕事ができる人に出会えたら、その人に使う時間は惜しんではいけません。

　時間を何に使うのか、見極めることが重要です。

　少し変わった例もご紹介しましょう。私は登山をするとき、たまにプロジェクトの企画を持っていくことがあります。下山する時に、登頂した達成感と適度な緊張感の中、企画を考えます。下山中に作詞や作曲もすることもあります。

　実は、私はこれらもスケジュールとして、手帳に書き込んでいます。記入するのは、マンスリーやバーチカルのページでもいいですし、手帳の最後にあるメモのページでもいいでしょう。

　起業のいいところは、仕事とプライベートの曖昧な境界線の面白さにあります。2つの時間を完全に分けるよりも融合するほうがかえって時間を最大限、有効に使うことができるのです。

4

行動編

　早速、自分らしい方法でどんどん手帳にスケジュールを書き込んでいきましょう。歯磨きの時間は何に使いますか？　トレーニング中は？　料理中にも何かできるかもしれません。休むときはしっかり休むとして、何をしてリラックスしましょうか？

　時間は誰にとっても有限です。自由を手に入れ、手帳を最大限に活用し、時間を有効に使ってください。そして、一緒に人生を「これでもか！」というほど楽しみましょう。

　さあ、チャレンジャープロジェクトのスタートです！

CASE 事例 4

日本を先駆する
地域起業家④

ながすな繭株式会社

堀井 和輝さん

起業家に憧れて学生起業

　私が起業家としてのキャリアをスタートしたのは、大学生の時でした。優れたアイデアで事業を起こし、社会を変えていく起業家に強い憧れを持っていました。

　10代の頃からベンチャー企業経営者の鞄持ちをするインターンシップや、大学のビジネスプランコンテストに出場するなどの経験を積み、在学中にインターネットサービスを手掛ける会社を京都市内で仲間と立ち上げました。

　当初は、新聞・雑誌などのメディアで取り上げられ、会員数も伸びて大手企業との提携話が出るなど、順調に進みました。しかし、1年で主力のネットサービス部門が頓挫。今、振り返ると、計画当初の見通しが甘かったのだと感じます。

　その後、ホームページ制作などの受託開発の仕事を、コツコツと行っていたところ、父から「事業を手伝ってほしい」と連絡がありました。

　父は京丹後市でシルク原料の製造販売会社を経営していたのですが、事業としては借金も膨れており、かなり厳しい状態でした。客観的に見て事業継続は不可能だと判

使用するシルクの一部は
当社養蚕場にて
蚕を飼育して調達

断した私は、解散させ
るべきだと伝えました。
　しかしながら、父か
ら何度も頼まれたこと、
育ててもらった感謝の気持ちもあり、起業した会社
を離れるのがつらくはありましたが、Uターンして手伝うことを
決め、父の会社に行くことにしました。24歳の時のことです。

地域産業「シルク」を材料に

　私の故郷、京丹後市はシルク産業が盛んで、多くのシルク産業
関連企業があります。市内の小学生は授業でシルクについて学ぶ
など、地域全体でシルク産業に取り組んでいます。
　ながすな繭は、材料としてのシルクの可能性をいち早く見出
し、研究開発を行っていました。今でこそ、シルク配合の化粧品、
シャンプーや健康食品を多く見かけますが、私が入社した2006
年当時は、シルクを繊維以外で利用しようとする会社はほかにあ
りませんでした。また当社の技術力も決して高くはなかったこと
から、材料としてのシルクを認知してもらうことも、当社の取組
みを理解してもらうことも難しい状況でした。
　ゼロから出発する覚悟で入社したのですが、会社の現状は、
想像をはるかに超えていました。会社に売上げはなく多額
の借入金もあり、金融機関に新規融資を相談しても、首を縦に
振ってくれることはありませんでした。まさにマイナスからの出
発でした。

JAPAN CHALLENGER GATE
東京証券取引所
ビジネスピッチの舞台で発表

15 年目の出会いが
転機に

入社して15年間、シルク原料の製品開発から営業・資金繰りと、できることはすべて、それこそ死に物狂いでやってきましたが、依然として、会社を成長軌道に乗せることができないまま。

「自分には起業家としての才能がないのだ」と自信をなくし、シルクを科学的なアプローチで製品開発し、社会の役に立てていく可能性をも見失いそうになっていた2022年3月に、京丹後市役所商工振興課を介して中川代表理事と出会いました。

中川代表理事は、繊維としての利用が一般的であったシルクをバイオマテリアルとしてフィルムやスポンジ、微細パウダーなど様々なものに加工できる技術と、人工飼料の利用と機械化により、国内で衰退している養蚕業の効率化・生産拡大を図るアイデアを評価し、すぐに投資会社関係者の方をご紹介くださったのです。

また、シルクには天然物であるため、産地や品種、育て方で原料にブレが出てしまい、最終製品の品質が安定しにくいという弱点があります。当社は、このブレをなくして均一化する技術を持っていました。この技術にも興味を持っ

ていただきました。これにはとても勇気づけられました。

　このご縁を機に、当社は大きく変わりました。

　もっとも大きな変化は、会社の「経営」をする意識、仕組みが新たにできたことです。とくに次の5つが柱となりました。

　①ビジネスモデルを磨く、②資金調達、③事業の信頼性を高める、④経営の助言やネットワークを得る、⑤経営に責任を持つ。

　新たな会社を起業するのと同じように1つひとつ見直し、体制を整えていきました。おかげで、ながすな繭にあったアイデアや技術を活用して、異業種の企業と組ませていただく機会が増え、現在では、シルクを使った3Dバイオインクの開発や食品の消費期限を延ばすといった取組みなどを7社の企業と進行しています。

　さらに人材面でも、よい変化が……。Iターンで入社してくれる方が増えたのです。大手企業の最前線で活躍されていた技術者、カイコが好きという理由で転職してきてくれた元公務員、海外の有名大学を卒業された方など、頼りになる仲間がどんどん増え、当社が目指そうとしていることができる体制となってきました。

会社の成長と共に人生も豊かに

　ながすな繭が新たな1歩を踏み出すとともに、私自身のあり方もだんだんと変わってきました。

　中川代表理事は、当社のビジネスアイデアに常に興味を持ってくださり、ビジネスを成長させるために必要な人々との出会いや機会をたくさん提供してくれました。

　なかでも、JAPAN CHALLENGER GATE東京証券取引所でのビジネスピッチの舞台に立ったことは忘れられない経験の1つです。

東京証券取引所と言えば、起業家であれば誰もが憧れる場所です。テレビで見ていた取引所を実際に訪れた時の感動はひとしおでした。できることなら、自分たちの力でこの場所へ再び戻ってきたいと強く思いました。

また、たくさんの人々と出会うことによって新しい視点を得たり、自分自身を改善し、ビジネスに取り組むための新しい方法を知ることもできました。

これまでの私は、1人で何とかしないといけないと思っていましたが、人々のサポートを受けることで、自分自身と会社のビジネスを向上させることができると知りました。それには、謙虚であり続けること、そして、常に自分の弱点を認め、改善することが必要だと感じています。

サポートをしてくださった方々に恩返しをすることができるよう、自分自身と当社のビジネスを向上させることに全力で頑張りたいと思います。

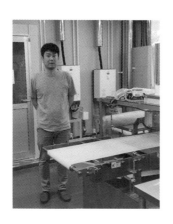

付録

ワークシート集

自分と向き合うワークシート

ミッション（過去から導く）

ビジョン（未来を想像する）

バリュー（今と向き合う）

社会を知るワークシート

政治 politics ～自社が関係する政策、税金、法律、外交政策など

経済 economy 景気、金融政策、為替、株価、設備投資傾向など

社会情勢 society 人口、少子高齢化、人々の関心、社会問題など

技術 technology 技術革新、ITやAIなど

ビジネスパートナーを見つけるワークシート

相手方(個人？　企業？　自治体？　国?)

その相手と組みたいのはなぜ?

どのような協働が考えられる?

マネジメントシート

会社名	

※最初か最後に「株式会社」と書いてください。　※個人であれば屋号

チームメンバーの「役割」

役 職	役 割　〜何の責任者?〜	メンバーの名前

※すべてのチームメンバーが役割を持ってください。　※個人事業であればメンバーを記
　入しなくても結構です。できれば取引先・パートナー名を記入することをおすすめします。

マネジメント

あなたの事業に人を採用するとしたらどんな点を重視しますか? またどんな人に仲間になってほしいと考えますか?

「どんなもの」を売るのか？

売るものは何か？

※売るもののイメージ絵や写真を利用してわかりやすくすることもOK

売るものの「よいところ」や「工夫の方法」は？

「誰が」買ってくれるのか?

どんな「お客さま」をターゲットにしているのか?

例:子ども・お兄さんやお姉さん・大人・お年寄り・家族連れ・カップル・老夫婦・シングル

なぜ、お客さまは買ってくれるのか?
お客さまが買ってくれると思う理由を具体的に説明

「起」：資金計画を立てる

> 使える資金はどこから？　いくらある？
> （貯金、預金、相続、タンス預金、証券売却、保険などを解約して得られるものなど）

「承」：売上計画を立てる

商品／サービス名	単価（円） （＝商品の値段）	数量（人） （＝人数）	合計（円） （＝売上高）
	✕	**＝**	
	✕	**＝**	
		合計	

資金の流れ

種　類	詳　細	金額(円)
最初に集めた お金		
資本金		
事業活動で 得るお金	売上 （商品・サービスを提供して お客さまから得るお金）	
そのほかから 得るお金		
収　入　合　計		

「転」(1)：商品をつくるのにかかる費用計画を立てる

材料名	一人分に必要な分量(g)	一人分の値段(円)	用意する数量(人分)	用意する分量(g)	かかる費用(円)
合計(円)（＝原価） ※消費税込み ※値段のため、四捨五入					

「転」(2)：開業前にかかる費用計画を立てる

○ 売れるために「必要なモノ」は?

必要なモノの 名前	必要なモノの量 (個、本、袋)①	値段(円) ②	必要なお金(円) ①×②
		合　計 (=販売費)	円

「転」(3)：事業をまわすのにかかる費用計画を立てる

科目	詳　細	予　算		
		単価(円)	回数	小計(円)
支　出　合　計 ※消費税込み ※人件費には福利厚生込み				円

「結」：利益計画を立てる

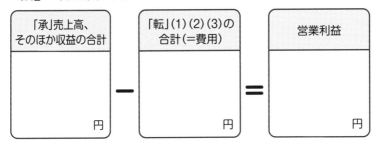

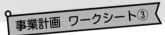

ビジネスをするうえでのリスクと対応策

考えられるリスク	リスクへの対応策

M E M O

5Year Planning ワークシート

年（西暦）			
自分自身（年齢）			
家族・友人 （ヒト）			
地域活動 （ヒト）			
健康 （ヒト）			
趣味 （モノ）			
学習 （モノ）			
仕事 （モノ）			
財産 （カネ）			
経済・社会の動き （自分のアンテナ）			

地方のポテンシャル、大いなる可能性に魅せられて

　33年間の会社員生活を振り返って思うのは、私がそれなりに実績を上げ、上場企業の役員まで務めることができたのは、自身が地方出身者だからこそ持つ「田舎ど根性」で、仕事に対して愚直に取り組んできたことが要因の一つだったということです。今、こうして公益社団法人ジャパンチャレンジャープロジェクトを立ち上げ、活動し本書を執筆できているのも、同じでしょう。

　人生も後半に差し掛かったところ、大きな挑戦をしたいと思うようになりました。

　きっかけは東日本大震災以降、企業の社会的責任（CSR）に本格的に取り組んだことです。被災地などの社会起業家のサポートプログラムを立ち上げ、多数の社会起業家を発掘する過程で、地域課題を解決したいという多くの地域起業家と出会いました。また、私も実際に現地に赴き、地方で活動することも増えました。地方から上京し、長く都市部での仕事をしてきたからこそ「地方創生ビジネスで稼ぐ」ことに対する嗅覚が人一倍強かったのかもしれません。地域で活動する中で、地方のポテンシャル、大いなる可能性を見出すようになりました。

　2019年、いよいよ本格的に地方創生に挑戦したい、地方に貢献したいと思うようになり、そんな思いを仲間たちに相談したところ、全員が賛成してくれました。その仲間こそ、現在のジャパンチャレンジャープロジェクトの理事や顧問、レジェンドたちです。

　そして藤野英人さんと柳澤大輔さんに時間をとっていただき、地方創生への熱き想いを伝えたところ、快く賛同していただき、当法人を設立することになりました。力を貸してくださった仲間に、改めて心より感謝申し上げます。

「地方創生事業から上場企業」というスローガンのもと、地方での活動を本格化させて早1年。地元行政、商工会、観光協会、企業、高校教員の皆さんや生徒の皆さんの地元愛にたくさんふれました。各省庁職員や淑徳大学の矢尾板俊平教授、大学関係者の方々にも大変お世話になりました。

　また、「経営」を直でご指導くださったワタミグループ創業者渡邉美樹会長には、どれほど感謝しても感謝しきれません。

　そして、この社会活動で出会った多くの"ワカモノ"たち。彼らと接するうちにこれからの社会をつくるのは間違いなく"ワカモノ"であり、彼らの「したい」をサポートするのがオトナの役割だと思うようになりました。その"ワカモノ"の一人でもある事務局の大浦佐和は、企画から編集までアシストしてくれました。

　前田浩弥さん、あさ出版の星野美紀さんには、本書を出版までこぎつけていただきました。ありがとうございました。

　この原稿を書いている最中、ビッグニュースが飛び込んできました。当社団が設立9カ月で公益社団法人に認定されたと内閣府から公文書が届きました。新型コロナ対策で時間がかかると思っていたため驚きましたが、この有事の中、内閣総理大臣が認可してくれた重みを受け止め、公益事業として邁進することを誓います。

　そして、これからもジャパンチャレンジャープロジェクトは、たくさんの方々の「地方創生」と向き合い、地方で稼ぐサポートをしていきます。

　本書が、地方に関心のある方々、そして未来を担うワカモノたちの「チャレンジ」に役に立てれば幸いです。

公益社団法人ジャパンチャレンジャープロジェクト　代表理事

中川 直洋

「個人の地方起業」から
　　　　「新たな街づくり」へ

●● 「満員電車」に別れを告げる

　僕ら面白法人カヤックは、創業４年目の2002年、本社を東京から鎌倉に移転しました。

　原因の一つは、著者の中川さんも第１部で話題に出していた「満員電車」です。

　「世の中に面白いものを提供したい」「面白いものをつくる人を増やしたい」。この思いが、「面白法人カヤック」という社名の由来です。学生時代の友人３人で会社を立ち上げて以来、その名に忠実に、人間にとって本質的に面白いことは何かを追求してきました。その中で、毎朝の満員電車は、面白くないことの一つ。それをなくすために、住みたいところで働く。つまり、職住近接を推奨するために鎌倉に本社を移したのです。

　面白いことだけをやって、面白くないことをやらない、こう聞くとひとりよがりでわがますぎる感じもあります。

　でも、そういうつもりではありません。

　しっかりと仕事をし、会社を成長させていくことは、面白いことでもあり、人の幸せです。ですが、もともと人の幸せのために頑張っていたことが、実は、人の幸せにつながっていない。そういうケースは、意外と世の中にあります。それを変えていくのが社会の進化だと考えています。

　そもそも人と会社が東京に集中したのは、資本主義の指標の一つである「GDP（国内総生産）」至上主義により、人々が効率を追い求めた結果です。しかし、効率を追い求めて人と会社を東京に集めたことが、働き手の体力と気力を削ぐ満員電車を生み出してしまっ

たのです。

　鎌倉への本社移転は、もちろんさまざまな困難もありました。僕ら自身は住みたい街で働いているので充実していても、ほとんどの取引先が都内にあるため、商習慣として、結局仕事の打ち合わせでは都内に行くことも多い。ただ、そんな中でも、次なる未来を示すために僕らが頑張るしかないという責任感のようなものがあったのも事実です。

▪▪ 人や会社が地方に「分散」する時代が来る

　2002年当時、本社をあえて都心から鎌倉に移した僕らに奇異の目を向ける人も少なくありませんでした。

　しかし時は流れて2020年。「コロナショック」が巻き起こると、多くの企業はテレワークを導入。満員電車での通勤や、職場での無用な気遣いから解放された東京の人たちは「職場に縛られずに好きな場所で働けることの快適さ」を体感しました。

　「仕事のために、東京にいる必要はない」。そう気づいた東京の人たちは、これからどんどん、「好きな場所」に移り住むようになるでしょう。そして、地方で育った子どもたちが「仕事を求めて上京する」時代は終わり、地元に残ったまま、都市部と同じような働き方をする時代が訪れるでしょう。

　これからは、東京に一極集中していた人や会社が、地方に分散する時代を迎えます。

　あなたも、好きな場所で、好きな仕事をできるようになるのです。

▪▪ 地方に求められるのは「オープンな姿勢」

　「東京に一極集中していた人や会社が、地方に分散する」。これは地方の側から見れば「新しい人や会社がどんどん移り住んでくる」ことを意味します。

　でも、移住した人がリモートワークで都心の仕事をしているだけ

では、その街との交わりが何もありません。その人にとっても、その土地に住む理由が希薄ですし、地方の側にしても寂しい。どんどん街の活動に絡み、まちづくりに参加していく。そんなお手伝いをしたいと思っています。

その一つが「カマコン」というコミュニティ活動です。これは僕らが鎌倉で生み出したボランティアという形で、まちづくりに簡単に参加できる活動ですが、今では全国数十カ所に広がっています。鎌倉という土地柄、平日は東京都に通勤して仕事している人も多いので、街に関わりたくても関われない人が簡単に関われるような仕組みをつくりました。

このコミュニティが全国にあれば、移住してもすぐに街の活動に参加しやすく、移住者と元から住んでいる人が仲良くチームで動くきっかけがつくれるのではないかと考えています。

カマコンの活動の延長でもあり、スピンアウトしてできたプロジェクトの一つが、神奈川県と共同で2019年11月に立ち上げた、起業支援拠点「HATSU 鎌倉」です。

いくらリモートワークが進み、新しい人が地方に移住してきたとしても、仕事が東京に集中していては、やっぱり本当の意味で地方の盛り上がりにはつながらない。ちゃんとその地域で起業する人が増え、地域に還元していく流れが必要です。そのためには、地域「発」の起業家を、その地域全体で一緒に育てていく必要があります。「HATSU 鎌倉」では「個人の地方起業」にとどまらず、「新たなまちづくりを担いたい」と意気込む起業家をどんどん生み出し、支援しています。

先日、公益社団法人ジャパンチャレンジャープロジェクトもこの「HATSU鎌倉」に登記。地域を起点に化学変化を起こし、街を新しくつくっていく仲間になりました。

∴ 古参の住民の共感を呼ぶ「ビジネスモデル」をつくる

　場所によっては、地域に移住者が増えることを快く思わない人もいます。

　その地域に長く住み、愛着を持つ人の中には、新しく移り住んだ人たちがつくった会社が好き勝手なことを始めたり、それによって街が大きく変わったりすることを快く思わないこともあります。

　でも、だからこそ「HATSU」のような拠点をつくって、地域に密着した起業家を輩出できればと考えていますし、地方起業を志す人には、本書をフル活用して、もともと地方に長く住み続けている人、同じ地域で起業する人々の共感を呼び、納得してもらえるようなビジネスモデルを確立してほしいと願います。

　たくさんの人を巻き込み、応援してもらうことで、あなたの地方起業は成功し、思っていた以上の展開を見せるはずです。

　それが地方創生や新たな街づくりまでつながるとしたら、そんな素敵なことはありません。

　みなさんの地方起業、心から応援しています。

公益社団法人ジャパンチャレンジャープロジェクト　副会長理事
面白法人カヤック　代表取締役CEO　　　　　　　　柳澤 大輔

著者紹介

中川直洋 （なかがわ・なおひろ）

公益社団法人ジャパンチャレンジャープロジェクト代表理事
内閣府地方創生推進局　地方活性化伝道師
総務省　地域力創造アドバイザー
淑徳大学　地域創生学部　客員教授
株式会社百笑のくらし　取締役
面白法人カヤック　顧問

1964年生まれ。三重県出身。2002年よりワタミに入社、ワタミ創業者渡邉美樹の執行役員社長室長として10年間秘書を務める。2019年独立し、レオスキャピタルワークスの藤野英人氏、面白法人カヤックの柳澤大輔氏らと公益社団法人ジャパンチャレンジャープロジェクトを立ち上げる。
「いざ鎌倉！JAPAN CHALLENGER AWARD 建長寺」や東京証券取引所で開催する「JAPAN CHALLENGER GATE」をプロデュース。
地方創生の祭典「JAPAN CHALLENGER AWARD」を全国で展開し、全国の地域起業家や社会起業家を300名以上発掘サポートするほか、起業体験プログラムなど全国の教育機関で起業教育を展開している。
ナカガワナオヒロとして音楽デビュー「1964-2020」をリリース。

改訂版

地方起業の教科書　　　　　　　　　　　　　　　〈検印省略〉

2023年　7　月　23　日　第　1　刷発行

著　　者——中川　直洋 （なかがわ・なおひろ）
発行者——田賀井　弘毅

発行所——株式会社あさ出版
〒171-0022　東京都豊島区南池袋 2-9-9 第一池袋ホワイトビル 6F
電　話　03 (3983) 3225 (販売)
　　　　　03 (3983) 3227 (編集)
F A X　03 (3983) 3226
U R L　http://www.asa21.com/
E-mail　info@asa21.com
印刷・製本　(株)シナノ

note　　　 http://note.com/asapublishing/
facebook　http://www.facebook.com/asapublishing
twitter　 http://twitter.com/asapublishing

©Naohiro Nakagawa 2023 Printed in Japan
ISBN978-4-86667-629-6 C2034